AF204446

Dank

Mein Dank gilt Gott, der über das Erbitten und Erdenken hinaus beschenkt (Epheser 3,20).

Mein Dank gilt meiner Familie, meinem Freund und meinen Freundinnen, die mich unterstützen und ermutigen, zu dem Leben, wozu Gott mich berufen hat. Vor allem meinem Bruder Thomas Jacob Klapsia danke ich, der bis zum Schluss an mich geglaubt, gegengelesen und bei der Gestaltung geholfen hat.

Besonderer Dank gilt Tobias Krämer, der selbstlos in Geduld und Genauigkeit gegengelesen und durch seine Anmerkungen meinen Horizont erweitert hat.

Bedanken möchte ich mich auch bei allen, die Gott mir auf den Weg gestellt hat, durch die ich wachsen durfte.

Und er hat zu mir gesagt: Lass dir an meiner Gnade genügen, denn meine Kraft wird in der Schwachheit vollkommen! Darum will ich mich am liebsten vielmehr meiner Schwachheiten rühmen, damit die Kraft des Christus bei mir wohne. (2. Korinther 12,9)

Nancy Irene Klapsia

Starke Schwächen

Wie Dich Deine Schwächen stark machen

© 2016 Nancy Irene Klapsia

Autor: Nancy Irene Klapsia

Umschlaggestaltung: © Thomas Jacob Klapsia, www.teejaykay.eu

Bibeltext der Schlachter
Copyright © 2000 Genfer Bibelgesellschaft
Wiedergegeben mit freundlicher Genehmigung. Alle Rechte vorbe-
halten.

Verlag: tredition GmbH, Hamburg

ISBN: 978-3-7323-7945-3(Paperback)
       978-3-7323-7946-0(Hardcover)
       978-3-7323-7947-7 (e-Book)

Printed in Germany

Das Werk, einschließlich seiner Teile, ist urheberrechtlich geschützt.
Jede Verwertung ist ohne Zustimmung des Verlages und des Autors
unzulässig. Dies gilt insbesondere für die elektronische oder sons-
tige Vervielfältigung, Übersetzung, Verbreitung und öffentliche Zu-
gänglichmachung.

Bibliografische Information der Deutschen Nationalbibliothek:

Die Deutsche Nationalbibliothek verzeichnet diese Publikation in
der Deutschen Nationalbibliografie; detaillierte bibliografische Da-
ten sind im Internet über http://dnb.d-nb.de abrufbar.

Inhaltsverzeichnis

Eingesteckt

Ich nahm den Staubsauger und legte los. Das Foyer war ziemlich groß, weshalb ich bereits begann, während die Musik noch lief. Es tanzten sogar noch einige. Die Musik war ziemlich laut, wodurch ich den Staubsauger nicht hören konnte. Menschen stiegen über das Kabel vom Staubsauger, während ich am Saugen war. Das nächste Lied klang langsam aus und es wurde still. Es waren nur noch die letzten leisen Töne des Liedes zu hören. Einen Moment lang genoss ich die Ruhe, bevor ich feststellte, dass ich auch den Staubsauger nicht hörte. Ich ging um die Ecke und tatsächlich, er war ausgesteckt. Ich wusste nicht, wie lange ich „gestaubsaugt" hatte mit einem Staubsauger, der nicht lief.

Manchmal tun wir Dinge im Leben und merken wegen der vielen Ablenkung nicht, dass wir eigentlich ausgesteckt sind, von der Lebenskraft, von dem Fokus für unser Leben, von Gott selbst. Ich glaube, unsere Schwächen können uns helfen, sicherzustellen, dass wir in Gott eingesteckt sind. Wenn all die Musik, die sonst in unserem Leben läuft, stehen bleibt, dann merken wir, wie sehr wir Gott brauchen.

Danke Gott, dass Du uns hilfst, den Fokus zu bewahren.

Gott ist König

Wir sind Erben. In welcher Situation du auch bist, Gott möchte dir sagen:„**Ich bin immer noch Gott und König und du immer noch mein Kind"**. Gott möchte dich versorgen – in allen Bereichen. Und wir? **Wir wollen doch Wunder sehen!** So wie Mose, der trockenen Fußes durch das Meer ging mit einem ganzen Volk floh (2. Mose 14). Wir möchten erleben, wie Gott die Unmöglichkeiten, die vor uns stehen, wie das Meer vor Mose, dass Gott sie aus dem Weg räumt. Wir wünschen uns, dass er uns einen Weg bahnt. Ich möchte Wunder erleben in meinem Leben. Ich möchte sehen, wie Gott eingreift und Unmögliches möglich macht. Wie er Situationen komplett umdreht, Lösungen schenkt und seine Kraft zeigt und sich verherrlicht.

Doch halt mal. Wirklich? **Wer spielt die Hauptrolle in meinem Leben?** Oft bin ich nicht dazu bereit, Gott die Hauptrolle zu überlassen. Oftmals halte ich mich selbst für klüger, habe ich das letzte Wort und traue ich Gott nicht zu, Gott zu sein. Und schon gar nicht, mein König. Ich traue Gott nicht zu, in meiner Schwachheit stark zu sein. Stattdessen versuche ich alles Mögliche aus eigener Kraft zu retten.

Dabei sagt Gott in 2. Korinther 12,9: „Lass dir an meiner Gnade genügen, denn meine Kraft wird in der Schwachheit vollkommen. Darum will ich mich am liebsten vielmehr meiner Schwachheiten rühmen, damit die Kraft des Christus bei mir wohne." Ehrlich gesagt möchte ich mich oft lieber meiner Stärken rühmen. Ich möchte stolz auf den Erfolg in meinem Leben zeigen und sagen, dass ich selbst klug war, stark war, ausdauernd und ich einfach so toll bin. Gott widersteht den Hochmütigen. Er möchte die Hauptrolle. Der Tausch ist klar: ich gebe ihm mein Leben, und er kümmert sich darum. Er ist der Hauptverantwortliche, er gibt den Weg vor und er zeigt, wie es läuft. Er hat die Hauptrolle. Wenn er die Hauptrolle hat, gibt es nur einen Superhelden – ihn selbst. Wenn ich die Hauptrolle habe, gibt es keinen Superhelden. Ich möchte Zeichen und Wunder sehen, wie Jesus sie tat und noch größere! So wie es sein Wort verspricht.

In Epheser 1,3 heißt es: „Gepriesen sei der Gott und Vater unseres Herrn Jesus Christus, der uns gesegnet hat mit jedem geistlichen Segen in den himmlischen Regionen in Christus, wie er uns in ihm auserwählt hat, vor Grundlegung der Welt, damit wir heilig und tadellos vor ihm seien in Liebe." Gott sagt, dass wir alle Segnungen der Himmelswelt haben! Gott ist großzügig! Wir haben so oft ein falsches Bild von Gott. Er hat Großzügigkeit erfunden! Er schenkt, wenn wir nichts geben können, er versorgt, wir verdienen es nicht, er liebt, obwohl wir versagen, er stellt sich zu uns, auch wenn wir feige sind. Er will uns beschenken! Er hat uns Jesus geschenkt, was sollte er uns vorenthalten? Was sollte er uns nicht geben? Er gab sein Leben! Es ist keine Schwierigkeit für ihn, dir Freunde zu geben, dir Gunst zu geben, dir Gesundheit zu geben, er hat es bezahlt, er macht es möglich und er will, dass du in dem Segen lebst.

Wir sind Erben (Galater 4). Stell dir vor, du erbst ein altes fürstliches Haus. Auf dem Haus steht neben der Eingangstür in die Mauer gemeißelt: Erbaut von Herzog Friedrich. Das Haus ist riesig und wunderschön. Es ist komplett ausgestattet, Möbel, Gardinen, Kronleuchter, hohe Wände sind mit großen Spiegeln bekleidet. Du ziehst ein. Es kommt ein Freund vorbei. Du führst ihn durch das Haus. Mit was kannst du angeben? Mit was kannst du dich rühmen? Du freust dich am Haus, du strahlst. „Schau hier, schau da…" „Und hast du das gesehen?" Aber ihr beide wisst, du hast nichts dafür getan, um dieses Haus zu bauen. Du hast es einfach bekommen. Genauso ist es mit Gott. Als Erben bekommen wir alles und sollen es verwalten.

Ich glaube, wir wollen oft als Erben, als Kinder Gottes, dass wir alles bekommen und dann noch, dass *unser* Name auf dem Haus draufsteht. Ich will alles Gute bekommen von Gott. Aber dann will ich zusätzlich noch, dass mein Name auf dem Schild steht, dass ich sagen kann, ich bin toll. Insgeheim wünsche ich mir, dass Menschen mich bewundern.

Aber, darum geht's nicht! Wir sind Erben! Wir verwalten, was wir bekommen haben! Und wir multiplizieren es! Wir haben es einfach bekommen. **Er hat die Hauptrolle! Er allein!**

Und deswegen keine Angst, wenn du in Schwierigkeiten steckst, wenn du Probleme in der Familie, Arbeit, Schule... hast – stütz dich auf Jesus! Wenn dein Leben Gott gehört, wenn SEIN Name auf deinem Leben steht, brauchst du dir keine Sorgen zu machen, denn er kümmert sich um das, was ihm gehört. Er kümmert sich! Er kümmert sich mit göttlichen Lösungen, Wegen und Perspektiven um dein Leben. Es geht um ihn! Und er wird dich segnen. Er wird! Das ist sein Herz, das ist sein Wesen! Er kann nicht anders. Nur wir wollen manchmal in unserer kleinen Hütte bleiben, wir treten nicht das Erbe an. Sondern oft bleiben wir in unserer kleinen Holzhütte und wir wollen dann den riesigen Kronleuchter aus dem großen fürstlichen Haus in unsere Hütte holen, aber das hält nicht. Wenn wir mit Gott leben wollen, dann müssen wir in das Haus einziehen, wo vorne drauf steht: Erbaut von Gott!
Bist du bereit, dass Gott die Hauptrolle spielt?

Keine Überraschung

Mose, ein Held in der Bibel, führt das Volk Israel aus Ägypten. Bevor wir ihn allerdings als Helden kennenlernen, sehen wir auch seine Schwächen. Als er einen Ägypter sieht, der schlecht mit einem Israeliten umgeht, erschlägt er ihn (2. Mose 2,12). Dann flieht Mose in die Wüste. Er kommt an einen Brunnen an dem Hirten schlecht mit jungen Hirtinnen umgehen. Mose kämpft für ihr Recht – ohne zu töten. Später heirate er eine der Frauen am Brunnen. Mose war doch ein Mörder – und gleichzeitig einer der für Gerechtigkeit einstand. Für uns unvorstellbar, dass der Held, der das Volk Gottes aus der Sklaverei führte, zuvor getötet hatte. Für Gott war es kein Zufall, Gott wusste genau, wie Mose war. Moses Stärke, für Gerechtigkeit zu kämpfen, wurde zu einer Schwäche in Ägypten, als er den ägyptischen Aufseher tötete, in seiner Stärke konnte er allerdings auch sehr viel Gutes ausrichten, den Hirtinnen helfen und später eine Nation retten. Er hatte einen starken Sinn für Gerechtigkeit. Manchmal werden unsere Stärken zu Schwächen. Das hast du wahrscheinlich selbst schon mal festgestellt. Menschen, die zu geduldig oder zu gutmütig sind – es gibt sie tatsächlich – lassen beispielsweise alles mit sich machen und werden von vielen dann nicht ernst genommen. In meinem eigenen Leben war es eher die Stärke des Mitgefühls, die zu meiner Schwäche werden konnte. So habe ich mich einmal beinahe selbst in Trauer verloren als ich eine gute Freundin in einer tragischen Phase ihres Lebens begleitet hatte. Meine Freundin war ziemlich einsam, es gab keine Familie, kaum Freunde und dann starb ihre Mutter. Bei der Beerdigung waren nur fünf Leute da. Fünf. Die nächsten zwei Wochen waren für mich brutal anstrengend, ich dachte, ich könnte mein Leben nicht genießen, wo sie doch niemanden hatte. Ich versuchte ihr so gut wie möglich beizustehen. Doch abends wenn ich dann allein Zuhause war, weinte ich oft. Ich konnte kaum mehr klar denken, sobald mir ihre Situation einfiel, hatte ich weinen können. Ihr Leid und mein Mitleid lähmten mich beinahe.

Gott möchte uns in unseren Stärken und Schwächen schulen, richtig mit ihnen umzugehen. Mose hatte es innerhalb kurzer Zeit gelernt, wie er mit seiner Stärke, dem Sinn für Gerechtigkeit, richtig umgehen sollte. Und er tötete nicht mehr, wenn Ungerechtigkeit von statten ging (beispielsweise am Brunnen).

In dem Buch geht es nicht darum, Stärken und Schwächen zu identifizieren, aber sollten wir doch klar für uns unterscheiden können, welche unserer Charaktereigenschaften „ungeschulte Stärken" sind, und welche wahre Schwächen. Moses Schwäche war vielleicht Selbstbeherrschung, weshalb er den Ägypter tötete. Aber den Sinn für Gerechtigkeit, den wollte Gott auf jeden Fall gebrauchen, und dieser war ein riesiger Katalysator für Mose, das Volk Gottes aus der Herrschaft Ägyptens befreien zu wollen.

Warum über Schwächen reden?

D u musst nicht mal genau deine Schwächen kennen. Es geht um Unvermögen, das merkt man meist erst in der jeweiligen Situation. In der Situation, in der mein Vertrag in der Arbeit ausläuft und ich noch nicht übernommen wurde und plötzlich sehr ungeduldig bin, da kommt meine Schwäche „Ungeduld" hervor. Wir müssen diese dadurch ausgleichen, dass wir sie erstens erkennen und zweitens ihr angemessen begegnen: wir gehen vor Gott, wir füllen das aus, was wir „von Natur aus" nicht sind, das, was wir nicht in uns haben, das füllen wir durch seine Gegenwart, Kraft und seinen Frieden aus. Dann können wir mit Petrus sagen, wir können alles durch den, der uns stark macht. Egal, ob wir Hunger leiden, Krankheit, Bedrängung, Freude, Verfolgung, Erfolg, ... wir können alles, nicht aus uns, sondern weil wir wissen, manches würde uns sehr schwer fallen und das, was uns eigentlich unserem Charakter nach schwerfallen würde, das füllen wir auf mit Christus, bis wir es durchstehen können. Gott hat nie gemeint, ihr könnt alles tun, wenn ihr einfach nur an mich glaubt. Denn schauen wir einmal, wie viele Menschen glauben an einen Gott. Viele Christen gehen durch Schwierigkeiten und können nicht mit Paulus sagen: „ich vermag alles, durch den, der mich stark macht". Seien wir einmal ehrlich, wir selbst sind doch oft genug in Situationen, in denen wir das nicht sagen können. Dann gehen wir Kompromisse ein, um die Zeit der unangenehmen Situation zu verkürzen, oder wir reagieren falsch, unfreundlich, nicht angemessen, eben im Fleisch, statt im Geist. Warum, wenn wir doch lesen, dass Gottes Kraft mächtig wird in unserer Schwäche und wir alles können, durch ihn? Wir zitieren den Satz, Freunde schreiben uns ihn in Karten. Doch wo leben wir ihn wirklich?

Philipper 4,13: *„Ich vermag alles, durch den, der mich stark macht, Christus"*. Wie macht Gott uns stark? Ganz einfach in seiner Gegenwart. Das bedeutet, wir müssen auf die Knie, ins Gebet, in den Lobpreis, in sein Wort. So einfach, so klar, ein offenes Geheimnis, das praktiziert werden muss. „Der mich stark macht" – das bedeutet, ich treffe diese Person. Es ist ein Prozess, das bedeutet ein tägliches Stark-machen, nicht nur einmal. Paulus konnte nicht einen Schiffbruch ohne Trauma überleben, weil er an die Begegnung mit Jesus auf dem Weg nach Damaskus nachdachte, sondern er musste eine neue Begegnung mit seinem Heiler, Befreier, Erlöser haben. In jeder Situation musste er neu zu Jesus kommen, damit dieser ihn *stark machen konnte*. Lange Zeit habe ich gedacht, wir können alles, weil Jesus in uns lebt. Und ja, das stimmt auch, aber das greift dennoch zu kurz. Denn sonst wären wir wieder im alten Bund – ohne Beziehung. Denn wir hätten ja dann eine Begegnung mit Gott, würden ihn in unser Leben einladen und damit wären wir SuperMario und könnten über Mauern springen, fliegen und alle sonstigen Extras, die es bei diesem Spiel gibt. Aber das stimmt nicht. Wir brauchen Gott mehr als zuvor. Der Heilige Geist lebt in uns, das heißt, wir müssen ihn ernähren.

Die Tatsache, dass wir errettet sind, macht Begegnungen mit Jesus nicht weniger notwendig. Eine Hochzeit sollte nicht dazu führen, dass sich das Paar weniger sieht, aber öfter. Also wenn wir nun Jesus in uns haben, dann müssen wir mit dem Bewusstsein und in dem Bestreben noch mehr Zeit mit ihm verbringen zu wollen, als jemals zuvor unseren Alltag gestalten. „Betet ohne Unterlass" (z.B. 1. Thessalonicher 5, 17) – ob du einen Parkplatz suchst, ob du zum Bus rennst, ob deine Familie gerade eine schwierige Situation durch macht, oder du auf eine Förderung wartest, ob du gekündigt worden bist, vom besten Freund verraten, oder gerade im siebten Himmel schwebst, weil deine Traumfrau ja gesagt hat, beten, beten, beten. Nicht aus Pflichtgefühl, sondern aus der Beziehung heraus. Beten bedeutet doch mit Gott reden. Ich hoffe, Ehepartner sprechen nicht aus Pflichtgefühl miteinander, sondern weil sie sich lieben. Wenn wir also beten, dann können wir alles, dann ist Gott in unserer Schwachheit mächtig, wenn wir das, was uns fehlt, mit Göttlichem auffüllen. Daher müssen wir über Schwierigkeiten, Schwächen und unser Unvermögen sprechen, damit wir das nächste Mal in solch einer Situation angemessen handeln: beten, und wissen, dass nur Gott das ausgleichen kann, was unserem Vermögen bzw. Unvermögen fehlt.

Du sagst, das ist zu einfach? Ja, Jesus hat gesagt, dass sein Königreich den Kindern gehört, die sind ganz klar, machen keine komplizierten Sätze, Regeln, Aufgaben. Wenn du alles kannst, durch den, der dich stark macht, dann solltest du alles tun, um mit ihm zusammen zu sein, denn nur dann kann er dich stärken, und dann kannst du auch alles tun: Wow. Simpel. Es kann schwierig sein, dann auch wirklich auf Gott zu hören, auf sein Reden, auf seinen Frieden, sein Führen zu warten. Und dann umzusetzen, was er sagt. So kam es, dass Mose zu Gott sprach: „Was soll ich tun, mit diesem Volk, es ist viel zu schwierig, es zu führen. Wir stehen vorm Roten Meer, die ägyptische Armee hinter uns. Wir können weder nach vorne noch nach hinten, links und rechts, wir haben keine Chance." (2. Mose 14, umformuliert durch Autorin).

Das stimmt. Doch in ihrem Unvermögen, ist Gott mächtig und spricht zu Mose: „Was schreist du zu mir? Sage den Kindern Israels, dass sie aufbrechen sollen! Du aber hebe deinen Stab auf und strecke deine Hand über das Meer und zerteile es. Damit die Kinder Israels mitten durch das Meer auf dem Trockenen gehen können!" (2. Mose 14,15). Gott sagt zu Mose, teile das Meer. Das ist doch wirklich verrückt. Wer kann das Meer teilen? Bis zu heutigem Tag haben die Wissenschaftler nichts dergleichen unternommen. Alles, was Mose hatte, war diese Ausrüstung: der Stab und der Geist Gottes. Wenn wir nichts haben, außer dem Geist Gottes und unsere Arbeitsausrüstung, das genügt. Denn mach dir bewusst, Moses Stab teilte nicht das Meer, es war der Geist Gottes und Moses Gehorsam, die das Meer teilten. Wir brauchen beides, Gott gibt uns Dinge in die Hand und möchte, dass wir sie nutzen. Manchmal gibt er uns konkrete Anweisung, manchmal nicht. Eine Anweisung, so simpel sie auch zu sein scheint, vergessen wir dabei aber meist: das Gebet. In diesem Buch geht es vorrangig darum, wie unser Unvermögen uns ins Gebet, in die Gegenwart Gottes treiben soll. Keinesfalls möchte ich das Gebet auf den „ersten Hilfe Kasten" beschränkt definieren, zu dem man in Schwierigkeiten greift. „Das Gebet sollte unser Steuerrad und nicht unser Ersatzrad sein (Corrie ten Boom[1]). Gebet ist Kommunikation von Mensch zu Gott und andersrum. Diese besondere Art von Kommunikation ist wie das Einstellen der Segel. Es ist immer wichtig, es bestimmt maßgeblich die Richtung unseres Lebens. In rauer See ist es umso wichtiger, die Segel richtig einzustellen. Wenn die See ruhig ist, oder Windstille herrscht, ist die richtige Einstellung der Segel nicht weniger wichtig, nur fällt sie nicht so sehr auf und fällt sie leichter. Denn der Widerstand ist gering. Wenn der Wind schon stark ist, fällt es uns schwer, die Segel richtig einzustellen. Aber dann sind wir uns dessen mehr bewusst, dass wir auf die richtige Einstellung angewiesen sind. Wenn wir selten beten und

---

[1] http://liebevoll-wei.se/Corrie_ten_Boom_-_Zitate.pdf

dann in unserem Lebenssturm plötzlich versuchen die Situation „durchzubeten" mag das geistlich klingen, aber nur selten tatsächlich gelingen. (In Gottes Gnade, ist alles möglich.) Wir optimieren aber unser Gebet dadurch, in dem wir immer, wie Paulus schreibt, im Gebet sind. „Seid ausdauernd im Gebet und wacht darin mit Danksagung. Betet zugleich auch für uns, damit Gott uns eine Tür öffne für das Wort, um das Geheimnis des Christus auszusprechen, um dessentwillen ich auch gefesselt bin, damit ich es so offenbar mache, wie ich reden soll." (Kolosser 4,2-4). Gebet ist das Fundament, Gebet ist wie das Paddeln eines Bootes. Es ist ein Kampf, wie bei Mose, als Aaron und Hur seine Hände im Gebet hielten, dann führte das Volk Israel den Krieg (2. Mose 17,11-16).

Perfekt

Gott spricht zu uns in Jeremia 29,11: „Denn ich weiß, was für Gedanken ich über euch habe, spricht der Herr, Gedanken des Friedens und nicht des Unheils, um euch eine Zukunft und eine Hoffnung zu geben." Wir wollen doch diesen Plan leben – oder?

Durch das Gesetz werden wir uns unserer Sünde bewusst und merken, dass wir aus eigener Kraft nicht Gott gefallen können und das Gesetz auch nicht halten können. Wir leben Gott sei Dank aus Gnade. Das bedeutet, Jesus als der zweite Adam (Hebräer 15, 35-49) bringt uns wieder in diese Abhängigkeit, dass wir durch die Beziehung mit Gott selbst wissen, was richtig und was falsch ist. Durch ihn können wir ein Leben führen, dass ihm gefällt (Römer 12; 1. Petrus 2,3). Und was für ein riesiges Geheimnis ist es, es ist das Leben, das ihm gefällt, das uns glücklich macht. Das soll allerdings nicht zur Ausrede führen, dass wir keine Verantwortung übernehmen. Gott hat einen Plan für uns. Jeremia 29,11: „Denn ich weiß, was für Gedanken ich über euch habe, spricht der Herr, Gedanken des Friedens und nicht des Unheils, um euch eine Zukunft und eine Hoffnung zu geben." Gott hat einen Plan, ein Ziel und eine Bestimmung für unser Leben. Doch wir interpretieren diese Stelle häufig falsch. Wir meinen, Gott hat einen genauen Plan, wie ein Unternehmen einen Kalender, in dem Ziele, zeitlich und inhaltlich festgehalten sind. In der Spalte daneben stehen dann die zuständigen Verantwortlichen daneben. Zum Beispiel: Deadlines und eine Zielvorgabe, in welchem Jahr wie viele Kunden neugewonnen, und wie viele Produkte verkauft werden sollen. Wenn die Zielvorgabe nicht erreicht wird, wird mit der zuständigen Person darüber gesprochen. So stellen wir uns das oft vor. Gott hat einen Plan, im Jahr 2020 macht Nancy xy, sie arbeitet bei xx, dient fünf Stunden pro Woche in der Gemeinde, ist mit Sabrina und Sophie befreundet und fährt einen Kleinwagen. Sie kauft im Discounter Lebensmittel ein und ihre Kleidungsstücke im 0815 Laden. Ihren Hobbies geht sie dienstags nach, mittwochs geht sie in ihre Kleingruppe. Es gibt Leute, die denken, sie müssen Gott über jede Kleinigkeit fragen, damit sie wissen, was auf dem Plan steht und sie es genauso machen können, wie Gott es sich vorstellt. Andere wiederum sagen, niemand und nichts kann Gottes Plan verhindern oder stören, deshalb kann ich eigentlich machen, was ich will, er wird es schon so fügen und wenden, dass ich genau seinem Plan entspreche. Im Extremfall kann das so aussehen: wenn er möchte, dass ich die Aufnahmeprüfung für die Universität bestehe, wird er es machen – ich muss eigentlich gar nicht lernen. Wenn er möchte, dass meine Ehe zusammenbleibt, wird er meinen Mann schon überzeugen, dass er sich mehr um mich kümmern soll. Ich werde ihm nicht sagen, was mich stört. Ich werde ihm keine Aufmerksamkeit schenken, bis er versteht, was er falsch macht. Und so weiter und so weiter. Wenn man das so liest, fällt einem vielleicht selbst auf, wo man so einer Grundidee im eigenen Leben folgt und die Verantwortung hundertprozentig auf Gott wälzt, weil er allmächtig ist und „wenn er seinen Plan für mein Leben umsetzen will, dann soll *er* sich eben bemühen."

Die Idee, dass Gott einen Plan für uns hat, ist weltbewegend und sehr persönlich. Gerade deshalb möchte der Teufel, dass wir sie falsch verstehen. Wenn wir uns den Kontext des Bibelverses ansehen, verstehen wir, dass es Gott um noch viel mehr ging. Er hatte seinem Volk ein Versprechen gegeben. Dann wurden sie ins Exil geführt, falsche Propheten kamen auf. In der Bibelstelle von Jeremia 29,23: sagt Gott, dass die Propheten Zedekia und Ahab lügen. „Denn sie haben eine Schandtat begangen in Israel: Sie haben mit den Frauen ihrer Nächsten Ehebruch getrieben und in meinem Namen erlogene Worte geredet, die ich ihnen nicht befohlen habe. Ich weiß es genau, denn ich bin Zeuge, spricht der Herr." Häufig interpretieren wir diese Bibelstelle vollkommen falsch. Wir glauben, wir müssen einen konkreten Plan Gottes erfüllen und wenn nicht, dann leben wir in Sünde und verpassen Gottes Gunst und Segen für unser Leben. Dabei übersehen wir den ersten Teil des Verses: „Denn

ich weiß, was für Gedanken ich über euch habe,…". Gott sagt das
hier zum Abgrenzen von den Lügen falscher Propheten. Er sagt,
„Ich habe dich geschaffen, ich weiß, dass ich dich mit einer Bestimmung geschaffen habe, mit einem Ziel und mit Zukunft und Hoffnung, glaube doch nicht anderen Dingen, glaube nicht deinen eigenen Lügen, dass du nichts Wert bist, keine Zukunft hast und hoffnungslos bist, wenn ich sage, du **hast** eine Zukunft, dann hast du sie.
Glaube mir, glaub nicht den falschen Lehren."

Befreiend fand ich die Aussage eines Bibelschullehrers: „Wenn
mich jemand fragt, ob ich einen Plan für meine Tochter habe, dann
sage ich natürlich habe ich einen: ich möchte, dass sie glücklich ist.
Ich möchte, dass sie die Schule macht und einen guten Beruf findet,
der ihr liegt, Spaß macht und Erfüllung bringt. Ich möchte, dass sie
einen tollen Mann findet, der sie liebt und den sie liebt, mit dem sie
gemeinsam Gott Ehre bringen kann. Ich möchte, dass sie gesunde
Kinder hat. Ich wünsche ihr eine schöne Wohnung oder ein Haus,
ein sicheres Auto und dass sie und ihre Familie gesund ist. Ich habe
keinen fertigen Plan, mit dem ich jeden Tag oder jede Woche, jeden
Monat jedes Jahr ihre Entwicklung und ihren aktuellen Stand ver-
gleiche. Ich habe keinen Plan, den ich raushole, wenn sie mich fragt,
ob sie das Fach Politik oder Geschichte vertiefen soll. Ich möchte,
dass sie glücklich lebt und das tut, was sie liebt. Denn dann bin ich
am glücklichsten." Wenn wir Gott wirklich kennen lernen und uns
selber und was er alles in uns hineingelegt hat und das einsetzen,
ich glaube, dann können wir gar nicht anders, als ihm Ehre zu bringen. Dann können wir Angst vor Fehlern ablegen.

Wenn wir uns Nehemia anschauen, dann sehen wir, dass mächtige Dinge geschehen, ohne dass wir Gott direkt sprechen hören. Im
gesamten Buch Nehemias sagt Gott nicht einmal zu Nehemia, dass
er Jerusalems Mauern wieder aufbauen soll. In Nehemia 1 erfahren
wir, wie Nehemia sich bei seinem Bruder Hanani und anderen Män-
nern erkundigt, wie es um die zurückgebliebenen Juden in Jerusalem steht „Und sie sprachen zu mir: Die Übriggebliebenen, die nach
der Gefangenschaft übriggeblieben sind, befinden sich dort in der

Provinz in großem Unglück und in Schmach; und die Mauern Jerusalems sind niedergerissen und ihre Tore mit Feuer verbrannt! Und es geschah, als ich diese Worte hörte, da setzte ich mich hin und weinte und trug Leid etliche Tage lang" (Nehemia 1,3-4).Nehemia lebte mit Gott. Der Geist Gottes in ihm bewegte ihn dazu, etwas zu unternehmen. Er geht weiterhin seiner Arbeit nach, aber betet und fastet für die Situation. Da er beim König als Mundschenk arbeitet, bekommt er die Möglichkeit sich zu erbitten, eine Zeit freizunehmen, um die Mauern wieder aufzubauen. Er bekommt die Genehmigung und Unterstützung vom König, der ihm Briefe an die Statthalter der Provinzen mitgibt, dass sie Nehemia durchreisen lassen sollen. Nehemia genießt göttliche Gunst beim König. Ob das wohl auf Gottes Plan stand? Bestimmt, weil Gott wusste, dass es so kommen wird. Aber warum? Weil Nehemia nah an Gott war und Gott in ihm war. Deshalb belastete Nehemia das, was Gott belastete. Und vielleicht waren auch Männer wie Hanani von dem Zustand Jerusalems betroffen, aber sie gingen damit nicht vor Gott oder waren einfach nicht in der Position, wie Nehemia, etwas beim König dafür durchsetzen zu können. Der Punkt jedenfalls ist, Gott hatte es Nehemia nicht gesagt. Über das ganze Buch über, betet und bittet Nehemia und seine Mitstreiter um Hilfe und Beistand. Sie bauen eine Mauer auf, umgeben von Feinden, die sich dadurch bedroht fühlen. Sie kämpfen und bauen – ohne ein Wort des Herrn gehört zu haben. Sie riskieren ihr Leben, ohne von Gott den Auftrag dafür bekommen zu haben. Wie ist das möglich? Erstens glaube ich, Nehemia war Gott so nahe, dass er wusste, dass das, was er fühlte, Gottes Geist in ihm war. Besonders nachdem er auch noch so übernatürliche Gunst beim König erlebt. Er hatte vielleicht Angst um sein Leben, aber er ließ sich davon ab nicht schrecken und abhalten. Sein Glauben bewegte etwas. Sein Glaube blieb nicht passiv, sondern wurde aktiv. Er riskierte nicht nur sein Leben, sondern auch das der anderen Juden, die mit ihm arbeiteten. Er vertraute, dass wenn er sich um etwas kümmerte, das offensichtlich Gott und seinem Volk ein Anliegen war, Gott mit ihm sein würde. Ignoranz kann keine Entschuldigung sein. Wir müssen wissen, was Gott wichtig ist. Oft spricht Gott ganz konkret. Bei vielen Propheten sehen wir es im Alten Testament oder auch im Neuen, wo Gott konkrete Anweisungen gibt, „geh dorthin, und du wirst das antreffen..." aber oft fahren wir uns so fest darauf, dass wir eine so konkrete Anweisung haben *müssen* und übersehen die ganz „normalen" Prozesse, wie Menschen dazukamen, dass zu tun, was sie tun. Paulus schreibt in der Apostelgeschichte, wie der Heilige Geist ihm gewisse Wege verwehrte und er dann im Traum eine Anweisung erhielt, nach Mazedonien zu reisen (Apostelgeschichte 16). Also wenn gewisse Türen einfach nicht aufgehen, obwohl wir beten, dann kann es sein, dass es einfach nicht der richtige Weg ist. Genauso kann es aber auch sein, dass ein richtiger und wichtiger Schritt uns nie in einem klaren Auftrag von Gott vermittelt wird, sondern wir es einfach immer wieder aufs Herz bekommen, so wie Nehemia. Wenn wir eng mit Gott sind, sollten wir nicht immer warten, bis wir einen Eindruck haben, etwas zu tun, sondern den Charakter haben, aktiv zu leben, dem Glauben Werke folgen zu lassen, Liebe zu verteilen, Menschen zu dienen. Zusammenfassend lässt sich festhalten, Gott spricht sehr oft durch ein „Nein", genauso wie durch ein „Ja". Wenn wir einen Weg gehen und wir haben Frieden, hören aber kein besonderes Ja, aber auch kein Nein, dann können wir vertrauen, dass wir auf Gottes Weg sind. So wie Nehemia, der ohne Gottes persönliches Reden, wohl eindeutig seinen Willen tat und einer Nation wieder ihr Herz zurückgab und Jerusalem aufbaute. Natürlich sollen wir Gott um Weisheit bitten, die gibt er gerne (Jakobus 1).

Schwarzweiß?

Am Anfang im Garten Eden, da sahen Adam und Eva die pure Schönheit Gottes. Die enge Beziehung, die sie zu Gott hatten wurde durch ihren Ungehorsam zerstört, warum sie aus dem Garten verbannt wurden. Gott wollte unser Herr sein, schon von Anfang an. Herr meint hier allerdings nicht das Bild, das wir aktuell in unserer Gesellschaft von Herrn und Herrschern haben. Sondern „Herr" meint hier der Versorger, Beschützer, derjenige, der den Rahmen für das Wohlergehen spannt. Es beinhaltete auch eine Abhängigkeit. Durch den Sündenfall fiel mit dieser Beziehung auch unsere Erkenntnis über Gut und Böse. Die Abhängigkeit von Gott blieb bestehen, aber durch den Ungehorsam wurde die Erkenntnis von Gut und Böse von der Beziehungsebene zu Gott auf die Sachebene des Gesetzes verlagert. Zuvor hatte Gott gesagt, was gut und was böse war. Nun gab Gott ein Gesetz, sodass jeder wissen konnte, was gut und was böse war, selbst ohne Beziehung zu ihm. Wenn Jesus als zweiter Adam diesen Zustand wieder in Ordnung bringt, „repariert" er nicht nur die Verbindung zu Gott, sondern noch viel mehr, er vereinfacht sie dadurch, dass wir nicht mehr die Verbindung von uns zu Gott über das Gesetz haben, sondern sie selbst in uns tragen. Der Heilige Geist in uns ist unsere Verbundenheit, unsere Verbindung zu Gott. Deshalb sind wir auch der Sünde gestorben, weil wir nicht mehr dem Gesetz folgen, sondern einer Person, Jesus selbst. Gott ist mit uns.

Gott bestimmte hundertprozentig die Richtung und brachte Adam und Eva ans Ziel. Wow, und das sagt Paulus, wenn er sagt, „denn meine (Gottes) Kraft kommt zur Ausreifung/gelangt ans Ziel durch Schwachheit." (2. Korinther 12,9, Fußnote Schlachter 2000) denn in unserer Schwachheit ist die Abhängigkeit zu Gott und ein Aufgeben jeglichen Widerstandes inbegriffen.

25

Gott war auch schon in Adams und Evas Schwäche mächtig. Warum? Weil 1. Gott sich nicht verändert, 2. Adam und Eva obwohl sündenfrei, nicht perfekt waren. Das heißt, sie wollten zum Beispiel eine Kokosnuss ernten, als Adam den Baum hochkletterte, merkte er, er kann sie nicht vom Baum lösen, kletterte also wieder hinunter und Gott kam vorbei und fragte, was denn los sei. Adam: Es ist alles okay. Ich konnte nur die Kokosnuss nicht vom Baum holen. Booms, fiel eine hinunter, Gott war da. Adam wusste das – und boum erledigt. Die Abhängigkeit von Gott war Adams Stärke.

Warum wollte Gott nicht, dass Adam und Eva vom Baum der Erkenntnis essen? Wollte Gott nicht, dass wir wissen, was Gut und Richtig ist? Gott kennt uns und weiß, wie wir auf „Regeln" reagieren. Er wollte immer und will immer unser Vater sein. Er wollte nie, dass wir schwarzweiß denken, dass wir Buchstaben folgen, sondern in jeder einzelnen Situation mit ihm sprechen. Durch Jesu Opfer und seine Auferstehung, dürfen wir als Kinder zu ihm kommen. Als Kinder bleiben wir belehrbar. Wenn wir also eine Schwäche entdecken, dann soll uns das nicht verurteilen, sondern je nachdem wie wir damit umgehen, kann sie uns wirklich dienen.

Als Jesus auf der Erde als Mensch wandelte, handelte er einige Male gegen das Gesetz, jedoch nie gegen Gottes Willen:
- er spricht mit einer unreinen Frau (Samariterin am Brunnen, Johannes 4,5-30)
- hat Gemeinschaft mit Zöllnern und Sündern (Markus 2,15-17)
- „arbeitet" am Sabbat, heilt eine Frau, lässt seine Jünger „ernten" (Markus 3 und Markus 2,23-27)

Fehler, Schwäche, Sünde

A lles schwach, alles schlecht? Worin liegt überhaupt der Unterschied zwischen Fehlern, Schwäche und Sünde? Wir brauchen ein gesundes Verständnis dafür, worin sich diese drei Begriffe unterscheiden. Denn dann können wir auch richtig damit umgehen lernen.

Fehler

Die Lebensnormalität, die wir Tag ein Tag aus erleben ist von Fehlern geprägt. Es beginnt in der Schule bei den Hausaufgaben oder im Haushalt beim Kochen. Wir verfehlen die Mengenverhältnissen und schon geht der Kuchen nicht auf. Ist das Schwäche? Oder sogar Sünde? Ein Tippfehler ist meiner Meinung nicht mehr als ein Tippfehler. Es ist einfach ein Fehler, genauso wie die fehlerhafte Hausaufgabe oder das falsche Mengenverhältnis. Ein Fehler passiert einfach, weil wir auf der Erde leben, nicht perfekt und nicht immer konzentriert sind. Fehler können auch Zeichen für Schwächen sein, vielleicht konzentrieren wir uns zu wenig und sind einfach nachlässig und nicht gewissenhaft genug in dem, was wir tun.

Schwäche

Schöpfung – die Abwesenheit des Guten ist im Bezug auf die Schöpfung Schwäche. Gott hat uns absichtlich so geschaffen.

Gott schuf uns in seinem Ebenbild. Aber er schuf uns nicht allmächtig, dass bedeutet es gibt Dinge, die können wir nicht tun, ich kann kein Auto mit meinen bloßen Händen emporheben. Außerdem gibt es Dinge, darin sind wir charakterlich nicht perfekt, wie zum Beispiel Ungeduld. In Galater 5,22 ist die Frucht des Geistes beschrieben:

Die Frucht des Geistes aber ist: Liebe, Freude, Friede, Langmut, Freundlichkeit, Güte, Treue, Sanftmut, Enthaltsamkeit. Gegen diese ist das Gesetz nicht gerichtet. Die aber dem Christus Jesus angehören, haben das Fleisch samt den Leidenschaften und Begierden gekreuzigt. (Galater 5,22-24).

Die Dinge wie Liebe, Frucht, Friede und Geduld (...), haben wir nicht von Geburt an, es handelt sich um eine Frucht. Früchte wachsen. Unsere Schwächen sind einfach die Abwesenheit von zum Beispiel den hier aufgezählten Tugenden. Deshalb wundert sich Gott nicht, wenn wir sie nicht besitzen. Er hat uns ja so geschaffen. Die Frucht des Geistes entsteht erst in der Beziehung mit ihm. Das heißt, dass wir sie erst mit ihm entwickeln, nicht aber von Grund auf besitzen können. Ich glaube, es ärgert ihn, wenn wir uns nicht darauf konzentrieren, sie wachsen zu sehen. Denn in der Bibel steht, an unseren Früchten wird man uns erkennen. Das Wachstum in unseren Schwächen kann uns also auch anzeigen, wie wir im Leben mit Gott stehen. Dabei geht es vorrangig nicht so sehr darum, die perfekte Frucht zu haben, sondern stetig im Wachstum zu bleiben. Wir haben Schwächen in allen Bereichen unseres Lebens: geistlich (Geist), intellektuell (Seele), sowie körperlich (Leib) und sozial (Beziehungen). Geistlich bezieht sich auf – wie eben beschrieben – die Abwesenheit des Geistes Gottes. Intellektuell: Wir müssen Mathematik/Physik/Chemie usw. lernen, und verstehen lernen. Im Körperlichen: wir müssen Dinge lernen und können sie nicht von Geburt an, ob es sich dabei um Laufen, Fahrrad fahren oder Fußball spielen handelt. Sozial: Kinder lernen von ihrem direkten Umfeld, wie man Beziehungen lebt, nicht immer sind ihre Vorbild-Beziehungen gesund. Dies kann zu sozialen Schwächen führen, wie zum Beispiel, die Schwäche, Konflikte nicht ansprechen zu können.

Ich bin froh, dass Gott uns mit Schwächen geschaffen hat, denn sie haben verschiedene Aufgaben, wie auch in den weiteren Kapiteln aufzeigt wird. Doch eines finde ich besonders daran: hätte Gott uns nicht mit Schwächen geschaffen, würde es keinen Raum für Entwicklung geben, das wäre ziemlich langweilig. Außerdem ist jeder Mensch so einzigartig, mitunter deshalb weil ihm gewisse Dinge leichter fallen als anderen Menschen. Wenn wir alle alles gut könnten und keine Schwächen hätten, würden wir uns nur geringfügig voneinander unterscheiden. Dadurch wären wir selbstausreichend und auch unabhängig voneinander, denn wir würden andere nicht brauchen.

Jesus kam nicht wegen unserer Schwächen, denn diese waren schon im Garten Eden vor dem Sündenfall – außer den geistlichen Schwächen. Die Abwesenheit Gottes kam erst durch den Sündenfall zu Tragen. Jesus kam wegen unserer *Sünden*. Wir mussten wieder gerecht gemacht werden, bevor wir vor dem heiligen, allmächtigen Gott stehen könnten. Bevor wir ihn Vater nennen konnten, musste Jesus uns loskaufen (Galater 4,1-7). Der Ungehorsam der Menschen gegenüber Gott musste bezahlt werden. Wir sind sündhaft, Gott ist heilig. Damit wir gerecht vor ihm stehen können, musste Jesus alle unsere Sünden auf sich nehmen. Gott hasst Sünde. Sünde trennt uns von ihm. Sünde ist absolut gegen seine Natur. Da ist Gott ganz klar, die Frucht der Sünde ist der Tod. Sünde ist Sünde und trennt uns von Gott. Da gibt es keine Diskussion. Klar ist, dass Gott will, dass wir nicht sündigen, auch wenn er die Sünde bereits bezahlt hat. Wir sind dennoch verantwortlich und das ist die sensible Problematik. Einerseits sind wir von Gnade bedeckt andererseits werden wir an verschiedenen Stellen in der Bibel dazu aufgefordert wachsam zu sein, da wir für jedes Wort, für jede Tat gerichtet werden. Wie sollen wir also mit unseren Sünden umgehen? Zu Gott bringen und umkehren – nicht weiter sündigen, so wie die Frau, die beim Ehebruch erwischt worden war (Johannes 8). Jesus sagt: Gehe und sündige nicht weiter. Was Sünde betrifft, ist Jesus sehr klar: „Ihr seid von unten, ich bin von oben. Ihr seid von dieser Welt, ich bin nicht von dieser Welt. Darum habe ich euch gesagt, daß ihr in euren Sünden sterben werdet; denn wenn ihr nicht glaubt, daß ich es bin, so werdet ihr in euren Sünden sterben." (Johannes 8,23-24).

Wir sind nur durch Jesus frei. Es gibt Situationen, in denen unsere Schwächen zu Sünden führen. Zum Beispiel fehlt uns Selbstbeherrschung (Teil der Frucht des Geistes) und wir übertreten Gottes Gebote.

Sünde

Als eines der eindrücklichsten Beispiele sehe ich Petrus vor Jesu Kreuzigung. Jesus sagt ihm voraus, dass Petrus Jesus verleugnen wird. Petrus ließ sich von Angst beherrschen und so kam es, dass er Jesus verleugnete indem er log und behauptete ihn nicht zu kennen. Lüge ist klar Sünde. Unglaublich, dass Gott auf diesem Mann seine Gemeinde bauen möchte, auf jemanden, der lügt. Wie kann man ihm den vertrauen? Welch Vorbild ist so jemand? In seiner Gnade stattet Gott die Berufenen aus und befähigt sie. Den innerlichen Hader, den Petrus durch seine Sünde durchlebt haben muss, zeigt ihm, wie viel mehr er auf Gott und seine Gnade angewiesen ist. Petrus verleugnet Jesus an einem Feuer. Drei Tage später zeigt sich Jesus vielen Menschen, und einige Zeit später auch den Jüngern in einem eher privaten Rahmen, sie erkennen ihn erst nicht. Sie fischen, fangen aber nichts. Er ruft ihnen vom Strand aus zu, dass sie ihre Netze noch einmal auswerfen sollen. Sie tun es und erkennen, es ist Jesus. Und dann kommen sie an Land, wo Jesus am Feuer sitzt. Nur einige Tage zuvor hatte Petrus Jesus verleugnet. Er muss wohl zwangsläufig nun daran denken, oder? Ich würde es tun. Jesus klagt ihn nicht an, macht ihm keine Vorwürfe, Jesus ist nicht von ihm enttäuscht. Jesus fragt Petrus einfach, ob er ihn liebt. Jesus verlangt nicht, dass wir ohne Sünde sind, denn er weiß, wir werden sündigen. Aber was er von uns erwartet ist Liebe, Hingabe und die Entscheidung, ihm zu folgen. Das Leben mit Jesus besteht nicht nur aus Vergebung. Die Vergebung ist geschenkt, allein aus Gnade. Wir können ihr nichts hinzufügen noch wegnehmen. Die Vergebung ist hundertprozentig geschenkt. Die Vergebung hat aber eine Konsequenz: Liebe. Und Liebe hat einen Preis. Liebe kostet dich etwas. Vergebung bekommen wir geschenkt. Wenn wir aber zurück lieben wollen, dann wird es uns etwas kosten, genauso, wie es auch im Zwischenmenschlichen mit Kosten verbunden ist. Jesus fragt Petrus also, ob er ihn liebt. Petrus sagt Ja. Jesus weiß es, aber ich glaube, Jesus möchte, dass Petrus sich dessen bewusst ist: „Wenn du mich liebst, dann..." Liebe hat Konsequenzen. Für Petrus war es, Jesu Schafe zu versorgen (Johannes 21). Für jeden von uns kann es etwas anderes heißen. Doch wir dürfen nicht in die Falle laufen, wo wir beginnen zu glauben, weil uns alles vergeben worden ist, müssen wir uns um nichts mehr kümmern, und die Gnade genüge. Die Gnade genügt für Errettung und Vergebung und genau weil sie uns Vergebung anbietet und den Weg zu Gott ermöglicht, eröffnet sie uns ein Reich voller Möglichkeiten, Verantwortung zu übernehmen. Glaube ohne Werke ist tot. Da aber der Glaube an Jesus uns errettet, brauchen wir Werke, die zu einem lebendigen Glauben gehören. Viele Christen fallen hier entweder von der einen oder der anderen Seite vom Pferd. Manche werden gesetzlich und drehen sich ständig um die Werke und meinen ihre Errettung erarbeiten zu können. Andere wiederum konzentrieren sich auf den „Glauben" in Worten an sich, und sind der Meinung, Werke hätten nichts damit zu tun sondern seien nur ein netter Zusatz, wem es gefällt.

Gott selbst gibt uns eine Definition in seinem Wort. In Hebräer 11,1-4 finden wir die Definition von Glauben: „Es ist aber der Glaube eine feste Zuversicht auf das, was man hofft, eine Überzeugung von Tatsachen, die man nicht sieht. Durch diesen haben die Alten ein gutes Zeugnis erhalten. Durch Glauben verstehen wir, dass die Welten durch Gottes Wort bereitet worden sind, so dass die Dinge, die man sieht, nicht aus Sichtbarem entstanden sind." Dann folgt eine Aufzählung von Glaubenszeugen des alten Bundes: durch Glauben brachte Abel ein besseres Opfer dar als Kain. Durch Glauben wurde

Henoch entrückt. Bevor er entrückt wurde, war ihm das Zeugnis gegeben, Gott zu gefallen. Durch Glauben baute Noah eine Arche, wo er noch gar kein Wasser kommen sah. Durch Glauben gehorchte Abraham und zog in ein Land, in dem er als Fremder lebte. Durch Glauben gefielen all diese Helden Gott, aber warum? Weil es ein lebendiger Glaube war, der sie zu Taten führte, zu Taten wie: besseres Opfer, Gott gefallen, Arche bauen, in ein fremdes Land ziehen, usw. Der Glaube führt zum Gehorsam gegenüber Gott. Sünde ist Ungehorsam Gott gegenüber, entweder gegen seine Prinzipien und Ordnungen oder aber gegen konkretes Reden von Gott. Viele Menschen sehen die gerade zitierte Stelle als eine Aufforderung „du musst nur glauben, dann wird alles gut". Aber Glaube ist erst der Beginn der Reise. Genauso wie das „Ja-Wort" bei einer Trauung. Es ist erst der Beginn. Es reicht nicht, dem anderen einmal gesagt zu haben, dass man ihn liebt. Liebe hat Konsequenzen, und sie kostet. Ich möchte uns ermutigen, uns nach Balance zwischen den beiden Extremen zu bemühen. Ich bete, dass wir begreifen, dass wir Gott nicht mit unseren Taten beeindrucken können und uns auch nicht „hocharbeiten können" und gleichzeitig nicht vergessen, dass obwohl die Gnade umsonst ist, die Vergebung geschenkt, die Liebe einen Preis hat und wir nie müde werden, ihn zu bezahlen. Damit wir in die Liste der Glaubenshelden zugefügt werden können, **weil wir durch den Glauben an Gott ihn lieben und ihm gehorchen** und seinen Willen hier auf der Erde tun. Gott lebt und er will einen lebendigen Glauben, der Werke hervorbringt. Epheser 2,8-10 fasst dies nochmal zusammen: „Denn aus Gnade seid ihr errettet durch den Glauben, und das nicht aus euch — Gottes Gabe ist es; nicht aus Werken, damit niemand sich rühme. Denn wir sind seine Schöpfung, erschaffen in Christus Jesus zu guten Werken, die Gott zuvor bereitet hat, damit wir in ihnen wandeln sollen."

Gott ist in unserer Schwachheit mächtig. Jesus hat uns freigekauft von jeder Sünde. In ihm sind wir für die Sünde gestorben, d.h. sie kann uns nicht mehr anklagen. Fehler sind Teil unserer Lebensrealität, von denen wir lernen können, sie beheben und weitergehen können.

Noch einmal kurz gefasst:

Fehler   Lebensrealität, Dinge, die man „Ausversehen" macht, die passieren, die man nicht „kann".

Zum Beispiel verschätzt man sich beim Abschätzen von Geschwindigkeit, Mengenverhältnisse beim Kochen, verrechnet sich oder vergisst etwas, man wirft etwas um.

Sünde   Ungehorsam Gott gegenüber.

Das kann sich äußern, dass man gegen Gottes Gebote / Prinzipien verstößt (Liebe Gott mit allem was du bist und deinen nächsten wie dich selbst.)… oder auch Missachten von Gottes konkreter Anweisung für unser Leben. Zum Beispiel geht Jona statt nach Ninive nach Tarsus.

Schwäche   ist Unvermögen.

Dies kann auf vier Ebenen erfolgen: Geistlich (Geist), intellektuell (Seele), körperlich (Leib) und sozial (Beziehungen). Geistlich bezieht sich auf die Abwesenheit des Geistes Gottes (Mangel an der Frucht des Geistes [2]).

---

[2] Galater 5:22-23:Die Frucht aber des Geistes ist Liebe, Freude, Friede, Geduld, Freundlichkeit, Güte, Treue, Sanftmut, Keuschheit(…).

Schwäche ist nicht Sünde

U nd Sünde ist nicht Schwäche.
In Hesekiel 7 spricht Gott darüber, dass er das Volk nach
seinen Missetaten richten wird. Das kann beängstigend
klingen. Ich bin der Überzeugung, Gott richtet nicht nach unseren
Schwächen sondern danach, wie wir mit ihnen umgehen. In dem
Gleichnis Jesu von den Talenten, werden verschiedenen Dienern,
verschiedene Verantwortungen/Talente gegeben. Und wenn der
Herr zurück kommt, fragt er jeden einzelnen danach, wie er gewirt-
schaftet hat. Wenn wir Lukas 19,22-23 lesen, „Da sprach er zu ihm:
Nach [dem Wort] deines Mundes will ich dich richten, du böser
Knecht! Wußtest du, daß ich ein strenger Mann bin, daß ich nehme,
was ich nicht eingelegt, und ernte, was ich nicht gesät habe? Warum
hast du dann mein Geld nicht auf der Bank angelegt, so daß ich es
bei meiner Ankunft mit Zinsen hätte einziehen können?"

Oft schauen wir dieses Gleichnis an und betrachten die Beziehung zwischen dem Diener und dem Herrn, und das ist auch wirklich spannend. Denn der Diener hat eine schlechte Vorstellung vom
Herrn und diese beeinflusst auch seinen Umgang mit seinen Talenten. In dieser Geschichte gibt es auch noch eine andere Beziehung,
und das ist die des Dieners zu seiner Schwäche. Eine lange Zeit lang
habe ich gedacht, der Diener ist einfach nur faul, und vielleicht ist er
das. Aber mehr noch, es könnte auch etwas anderes gewesen sein.
Vielleicht war der Diener einfach nicht clever, er hatte keine Ahnung
von Geld. Er kannte sich vielleicht damit aus, Rechnungen zu bezahlen, aber ein bestimmtes Budget fruchtbar zu verwalten?! Das über-
stieg seine Kompetenz. Wie oft kommen wir in so eine Situation, wir
denken, das ist uns zu groß, ich habe keine Ahnung von diesem
Thema. Und Jesus lässt den Herrn in diesem Gleichnis wahrlich wütend werden über diesen Diener. Aber warum? In dem Gleichnis,

geht es meiner Meinung auch um den Umgang mit Schwächen. Die Schwäche des Dieners, vielleicht nicht clever zu sein, was Finanzen angeht, ist für den Herrn keine ausreichende Ausrede. Seine Schwäche darf nicht sein Leben bestimmen. Oder die Ausrede: „Denn ich fürchtete dich, weil du ein strenger Mann bist, du nimmst, was du nicht angelegt hast und du erntest, was du nicht gesät hast" Lukas 19,21. Er hat Angst, einen Fehler zu begehen und weil er sich zu unsicher ist, ob er ausreichend Ahnung hat von dem, was ihm anvertraut wurde, geht er lieber kein Risiko ein. Schauen wir uns einmal an, wie der Knecht mit seiner Schwäche umgeht. Er versteckt das Geld, er ignoriert das Thema, das mit seiner Schwäche zu tun hat. Wahrscheinlich denkt er sich noch, immerhin mache ich keine Miese, was bei meiner Planlosigkeit, was Geld angeht sehr wahrscheinlich wäre. Aber der Herr sagt hier, du hättest es an einer Bank anlegen können, so hätte ich Zinsen bekommen. Erstaunlich ist, er zeigt ihm eine Alternative, er sagt nicht, bescheuert, die anderen haben mindestens 50 Prozent zusätzlich erwirtschaftet, du hast keine Ahnung! Nein, sondern er zeigt die Alternative, die jeder hätte tun können. Es gibt Dinge, die sind zu schwer für uns. Und für Gott ist es ok, solange wir uns trotzdem darum kümmern, und sei es, dass wir es an jemanden weitergeben, der kompetent in diesem Bereich ist. Die Bank, die wäre kompetent gewesen. Es wäre nicht das maximale Ergebnis geworden, aber wenn er Zinsen bekommen hätte, wäre er zumindest nicht „untreu" gewesen, wie er uns jetzt erscheint. Weil der Herr zu den beiden erfolgreichen Dienern sagt, sie seien „gut und treu", den unwirtschaftlichen nennt er aber „böse" (Vers 22).

Gott wird uns immer wieder Aufgaben geben, die zu groß sind für uns, sodass wir sie nur mit ihm schaffen. Das tat er schon in der

Bibel (Beispiel Mose und das Rote Meer). Gott weiß aber, wie viel wir aushalten, sodass er uns nie überfordern wird, aber wir können sie nur mit ihm positiv durchstehen. Es liegt an uns, zu entscheiden, wie wir mit diesen Situationen umgehen. Wichtig ist, selbst wenn wir entscheiden, wir nehmen das Abenteuer nicht an, und wenn wir uns zu klein vorkommen, dann will er zumindest, dass wir ehrlich und offen damit umgehen und die Dinge zur Bank bringen, das anderen damit florieren können. Gott hat mehr für uns, als unsere Schwächen in einem Schweißtuch mit uns rumzutragen. Es gibt viel zu tun. Dafür brauchen wir Mut.

Mut

Mut ist Angst, die gebetet hat (Corrie ten Boom). Mut gibt es nur, wenn es einen Grund zur Angst gibt.

Es braucht keinen Mut, ein Glas Wasser zu trinken. Es erfordert keinen Mut, ins Auto zu steigen und in den Supermarkt zu fahren. Es sei denn, man hatte vor kurzem einen Autounfall und die Bilder und Erinnerungen des Unfalls sitzen noch tief. So ging es mir einmal. Ich saß hinten. Nach einer Stunde Fahrt auf der Autobahn knallte es. Wir waren in ein anderes Auto hineingefahren. In unserem Auto gingen vorne die Airbags auf, einige Sachen flogen rum, etwas drückte mir ungeheuer stark in den Bauchraum. Wir bremsten, wechselten die Spur. Ein erneuter Knall und dann kam es plötzlicher zum Stillstand. Allen Passagieren ging es einigermaßen gut. Das Auto hatte einen Totalschaden. Wir wurden im Krankenhaus untersucht. Ich musste im Krankenhaus bleiben, hatte Atemnot und fürchterliche Bauchschmerzen, ich hatte keine Airbags hinten gehabt. Die Untersuchungen zeigten, dass es nur schmerzhafte Prellungen waren. Nach zwei Tagen holte mich mein Vater vom Krankenhaus ab. Wir fuhren dieselbe Strecke der Autobahn, auf der der Unfall passiert war, wieder zurück nach Hause. Es gab Momente, da kamen mir Tränen. Ich war ungeheuer angespannt. Mein Vater fuhr 100 Kilometer pro Stunde, wo eigentlich viel mehr erlaubt war, aus Rücksicht auf mich. Er hielt übertrieben viel Sicherheitsabstand, wechselte zum Überholen schon sehr früh die Spur, weil ich es nicht ertragen konnte, dicht aufzufahren. Als „dicht" interpretierte ich nach dem Unfall schon alles, was mir ermöglichte, das Nummernschild des anderen vor mir lesen zu können.

Ich glaube, Gott ist noch viel rücksichtsvoller als alle Väter dieser Welt. Wenn wir in eine Situation kommen, wo wir sagen, das können wir nicht, das wollen wir nicht, nimmt Gott uns ernst. Allerdings ist es sehr gewagt, dass wir dem allmächtigen Gott, dem Schöpfer des Universums einen Definitionsrahmen vorgeben, was zu „dicht", zu schnell oder zu knapp ist. Gott weiß alles, er weiß, was möglich ist: alles. Er weiß auch, wie viel wir ertragen können, er wird uns nicht in Situationen bringen, die zu viel für uns sind. Vielleicht lachst du jetzt und sagst: „So fühlt es sich nicht an." Denn die Situation in der du gerade steckst, scheint viel zu viel für dich zu sein. Und ja, das ist wahr, für dich allein ist es zu viel.

Aber nicht für euch als Team. Du mit deinem unschlagbaren Gott. In unserem Leben gibt es Situationen, da denken wir: „Gott, das ist knapp. Ich muss jetzt schon wissen, wie es weitergeht, sonst fahre ich jemanden hinten rein. Gott, ich muss es jetzt wissen, damit ich mich auf den Spurwechsel vorbereiten kann. Ich muss sehen, was du vorhast, wissen, was du tust." Oder „Gott, das ist zu schnell, ich bin doch gerade erst aus der letzten schwierigen Phase meines Lebens gekommen. Die letzte Herausforderung war doch gerade erst..." Gott verlangt nicht von uns, dass wir in unserem Wagen des Lebens sitzen und nie Angst haben. Jesus sagt: In der Welt werdet ihr Angst haben, aber seid getrost, denn ich habe die Welt überwunden (Johannes 16,33). Jesus ist klar, dass wir Angst haben werden, wir leben auf der Erde. Da ist es durchaus möglich, dass wir Angst haben werden. Er erwartet, dass wir *trotz* unserer Ängste uns entscheiden, ihm zu vertrauen. Er sagt zu uns: „Ihr *werdet* Angst haben" und fordert uns dazu auf, getrost zu sein, in ihm. Jesus sagt zu Petrus: „Du wirst mich dreimal verleugnen" (Matthäus 26,34) – warum? Aus Angst, und danach gibt Jesus ihm die Chance, dreimal ihm zu sagen, dass er ihn liebt. Jesus fragt Petrus später dreimal, liebst du mich? Viele unsere Fehler hängen damit zusammen, dass wir Angst haben.

Warum in einem Buch über Schwächen über Mut schreiben? Wenn wir voran kommen wollen in unserem Leben, müssen wir Mut haben, Dinge zu tun, die uns Angst machen. Sonst bleiben wir stehen. Ein Kind würde nie Fahrrad fahren lernen, vom Sprungbrett im Schwimmbad springen, später den Führerschein machen usw. wenn es nicht Ängste überwindet. Und ehrlich gesagt, würde ich auch nie dieses Buch schreiben, wenn ich nicht meine Angst, mich zu blamieren, überwinden würde. Am häufigsten haben wir doch als Erwachsene Angst vor unseren Schwächen. Zum Beispiel fällt es dir schwer, vor Menschen zu sprechen. Du sollst in deiner Arbeitsstelle aber eine Präsentation halten, du hast Angst. Oder du hast nicht genug Geld, deinen Kindern alles zu ermöglichen, was deren gleichaltrige Freunde haben, du hast Angst, wie werden die Kinder in der Schule gesehen, behandelt? Wir müssen Mut haben, zu versagen. Wir müssen mutig genug sein, uns Fehler einzugestehen, Mut haben, über unsere Schwächen nachzudenken, sie uns einzugestehen und trotzdem nach vorne zugehen. Wir brauchen Mut, um Altes loszulassen und Neues zu erreichen. Wir brauchen Mut unsere Schwächen loszulassen und uns auf Gottes Stärke zu stellen. Oft erscheint uns unsere Schwäche eine Sicherheit zu geben, sicherer als auf Gottes Stärke angewiesen zu sein. Deshalb brauchen wir die richtige Perspektive auf unser Leben.

Oft haben wir die falsche Perspektive auf unser Leben. Wenn Herausforderungen auf uns zu kommen oder Gott uns Aufgaben gibt, die uns eindeutig zu groß erscheinen, fragen wir uns: „Wie soll ich das schaffen? Ich bin nur ein einfacher Mensch, ich schaffe das nicht." Ähnlich wie Mose: „Wer bin ich, dass ich zum Pharao gehen und dass ich die Kinder Israels aus Ägypten führen sollte?" (2.Mose 3,11). Dabei vergessen wir, um was es eigentlich geht. Das einzig Ausschlaggebende für unsere Situation ist dasselbe, wie es bereits bei Mose war (Vers 12): „Da sprach er [Gott]: Ich will mit dir sein […]." Der Faktor, der den Ausgang unserer Situation bestimmt, sind *nicht* wir, sondern Gott. Es ist etwa so, wie wenn man eine Glasscheibe putzt. Meine Dusche hat eine Glastür. Beinahe jedes Mal wenn ich sie putze, passiert mir das, dass ich einen Fleck von der Innenseite putzen möchte, dabei ist er auf der Außenseite. Egal wie lange ich putze, der Fleck geht nicht weg, bis ich die Türe schließe und von außen putze. In unseren Herausforderungen basteln wir manchmal an unserer Seite und lesen, versuchen etwas dazuzulernen, an uns zu arbeiten, wir denken stundenlang nach, grübeln planen, fragen Menschen um Rat, den Pastor, die Eltern, den Nachbarn, unseren Chef, unsere Freunde. Wir konzentrieren uns, unsere Schwäche, unseren Mangel an Erfahrung und Wissen irgendwie auszugleichen. Dabei behandeln wir die Schwierigkeit falsch. Wir müssen uns bewusst machen, dass der *Entscheidungsfaktor* Gott ist. Also sollten wir auf der richtigen Seite der Glasscheibe arbeiten, und zwar auf der göttlichen Seite. Wenn wir da alles geklärt haben, wenn wir Gott die Situation gegeben haben, gebetet haben, um Weisheit, Frieden und Kraft gebetet haben, dann erst sollten wir die nächsten Schritte unternehmen (die wichtig sind!) und uns weiterbilden, an uns arbeiten und andere um Hilfe fragen. Dann sollten wir unsere Ausrüstung nehmen und kämpfen.

Gideon

Sieg in unseren beschränkten Möglichkeiten.

Es gibt Situationen in unserem Leben, da wissen wir genau, dass wir sie nur mit Gottes Hilfe bewältigen können. So wie in Gideons Beispiel. Die Israeliten wurden von den Midianitern unterdrückt und Gott beruft Gideon, gegen die Midianiter zu kämpfen. Gideon will es erst nicht glauben. Er fragt, warum denn ausgerechnet er etwas ausrichten kann, wo er doch zur kleinsten Sippe Manasses gehört und noch dazu der Kleinste im Haus seines Vaters ist (Richter 6,12). Gottes Antwort begeistert mich: „Weil ich mit dir sein will, wirst du die Midianiter schlagen, wie einen einzigen Mann!" Das ist so einfach. Das ist das einzige Argument, das zählt. Wenn Gott mit uns ist, sind wir erfolgreich bei dem, was wir tun, wenn er nicht mit uns ist, hilft auch sonst nichts. „Wenn der Herr nicht das Haus baut, dann arbeiten umsonst, die daran bauen; wenn der Herr nicht die Stadt behütet, dann wacht der Wächter umsonst." (Psalm 127,1). Gottes Präsenz in unserem Handeln ist der entscheidende Faktor, von dem alles abhängt. Ich erinnere mich an meine Bibelschulzeit. In einer bestimmten Woche war ich emotional ziemlich müde. Ich konnte nicht einmal genau sagen, was los war, es war einfach zu viel. An einem bestimmten Donnerstagabend platzte mein überlaufener emotionaler Tank und ich konnte nur noch weinen. Dabei hatte ich etwas mit einem meiner Leiter zu besprechen. Wir sprachen also am Telefon. Danach fragte er mich, ob alles ok sei, ich wollte sagen: „Ja eigentlich schon" Doch ich weinte mitten im Satz los, ich beendete meinen Satz sehr unglaubwürdig aber versicherte ihm, dass es mir gut ging, nur gerade eben viel los sei. Er sprach mit einer Freundin von mir, die gerade bei mir zu Besuch war, dass sie sich um mich kümmern sollte. Sie sprach mit mir, ich weinte, und sagte, es ist alles ok. Es war ein ziemlich peinlicher Abend. Ich finde es nicht nur äußerst unangenehm vor anderen zu weinen, sondern besonders peinlich, dies ohne Grund zu tun. An dem Abend sahen und hörten mich gleich mehrere weinen, mit verschmierter Wimperntusche im Gesicht. Äußerst unangenehm. Am nächsten Tag begann die große Männerkonferenz der Gemeinde, sie würde den Freitagnachmittag und den kompletten Samstag stattfinden. Ich war zuständig für das Putz-Team. Es lief unglaublich gut, wir waren nicht nur super gründlich, sondern auch sehr schnell. Am Samstagvormittag, noch bevor die Konferenz überhaupt zu Ende war, kam ein anderer Leiter auf mich zu und lobte mich, beschrieb mich als unglaublich tolle Leiterin des Putzteams. Ich dachte: „Weiß er also nichts, von meiner emotionalen Situation am Donnerstag? Die tolle Person, die er beschreibt, das bin nicht ich." Wirre Gedanken schossen in meinem Kopf umher und ich staunte wirklich über die Worte meines Leiters. Vielleicht wusste er nichts von meiner emotionalen Situation vor zwei Tagen. Aber an dem Samstag, da sah er eine Stärke und eine Determination in mir, die ich nicht besaß. Aber der, der in mir war, besaß sie. „Israel könnte sich sonst gegen mich rühmen und sagen: meine (eigene) Hand hat mich gerettet!" (Richter 7,2). Gott möchte, dass Gideon mit wenigen Kriegern zum Kampf zieht, damit sie sicher sind, dass es ein übernatürlicher Sieg ist. Genauso war es für mich. Ich war mir sicher bei der Konferenz, es war Gott, denn ich allein war viel zu schwach, um irgendetwas auszurichten. Wie gesagt, Gott bringt uns an Orte, an denen wir nur ihm vertrauen können – und eben nicht mehr uns selbst. Er möchte, dass wir ihn dadurch besser kennenlernen, aber auch, dass wir ihn rühmen. Manchmal wissen tatsächlich nur wir selbst, wie unmöglich eine Situation für uns ist. Ob emotional, sachlich oder körperlich. Niemand versteht dich in dieser Situation, aber du selbst weißt, du hättest es nicht ohne Gott geschafft. So war es bei der Männerkonferenz, bei der ich im Putz-Team war. Nur ich allein wusste, dass ich eigentlich weder emotional gut drauf war, noch in der Lage, ein Team in der Konferenz anzuleiten, was wann wo und wie gemacht werden musste. Gott ist treu.

David und Goliath

David, der Hirtenjunge, kommt ans Heereslager. Dort fordert gerade ein Philister, Gegner der Israeliten, das israelische Heer dazu auf, einen Mann auszuwählen, sodass der Kampf nur zwischen einem Israeliten und einem Philister stattfindet. Derjenige, der verliert, dessen Volk soll Sklave des anderen Volkes sein. David ist bereit, gegen den Philister, Goliath anzutreten. Was David tut: er verrät seinem Gegner seine stärkste Waffe (1. Samuel 17,45), eigentlich verrückt. Er sagt: „[…]Denn der Kampf ist die Sache des Herrn" (1. Samuel 17,47). Wir müssen wissen, warum wir gewinnen. David erzählt Saul, dass er Erfahrung mit Löwen und Bären hatte, weil Gott ihn errettet hat. Doch vor Goliath spricht er nicht mehr über seine vergangenen Erfolge sondern darüber, dass Gott entscheidet. Egal, vor welcher Herausforderung wir stehen, der Entscheidungsfaktor ist Gott. Wir sollen unser Bestes geben, treu sein in dem, was uns gegeben wurde an Verantwortung, Vertrauen und Aufgaben, und dann wissen, dass wir Erfolg haben werden, *nicht* weil wir gut sind, sondern weil Gott es entscheidet. Vor dem Bewerbungsgespräch, mach dir bewusst, es ist Gott, der es entscheidet. Ich hatte einen zu schlechten Notenschnitt im Abitur für das Studium, das ich anstrebte, Gott entschied und ich kam wie durch ein Wunder doch hinein, im zweiten Nachrückverfahren. David sagt Goliath, dass er ihn erledigen wird, dass Gott ihm heute in seine Hand geben wird. Wir sollten niemals vergessen, der Kampf ist die Sache des Herrn. Vor Menschen können wir auch andere Argumente bringen, die für uns sprechen. Denn vor Saul spricht David auch über seine vorigen Erfolge. Das ist sogar demütig, dass er auch von seinen Erfahrungen mit Löwen und Bären spricht. Denn stellen wir uns mal vor, David würde zu Saul nur sagen: „Ich weiß, Gott ist mit mir, ich erledige den Gegner." Saul würde wohl denken, „Was maßt der sich an, wir alle sind Gottes Volk und trotzdem denkt keiner, dass er es einfach so schafft. Der Junge hat noch nie einen Soldaten vor sich gehabt".

Wir müssen wissen, wem wir was sagen und vor allem, was wir selbst tief im Inneren glauben. Dann können wir mutig sein. Saul gibt David seine eigene Waffenrüstung, da David ja kein Soldat ist und nicht über eine eigene verfügt. David hätte wirklich erschrecken können, als er in Sauls Waffenrüstung läuft und merkt, „das Teil ist viel zu schwer für mich, vielleicht hätte ich es doch lassen sollen, ich habe wirklich keine Ahnung von Krieg". Aber nein, er zieht die schwere und zu große Waffenrüstung einfach wieder aus. Ohne Menschenfurcht, sondern mutig. Es ist kein Fehler, wieder einen Schritt zurück zu gehen und zu sagen: „Danke für das Angebot, aber nein, ich werde es anders machen." David geht also in seiner Hirtenkleidung auf einen riesigen Soldaten zu, mutig. Die ganze Geschichte zeigt Davids Mut. Er konnte nur so mutig sein, weil er wusste, wer entscheidet. Weil David ein tiefes Vertrauen in den allmächtigen Gott hatte, den er von Herzen kannte und liebte. Da wir die Geschichte kennen, nehmen wir vieles einfach so hin. Dabei sprach David hier mit dem König und die bevorstehende Schlacht würde über die Zukunft des gesamten Volkes entscheiden. Scheinbar war David sich absolut sicher, dass er gewinnen würde. Bzw. dass Gott Goliath in Davids Hände geben würde. Die Möglichkeit, dass es anders ausgehen könnte, schien David nicht zu sehen. Von einem konkreten Reden Gottes lesen wir auch nichts. David hatte keine Angst vorm Versagen. Er wusste, er war gut im Steinschleudern. Dennoch war der Druck enorm. Seine Niederlage würde zur Versklavung des ganzen Volkes führen. David konzentrierte sich auf Gott und vertraute ihm. Er fürchtete nicht sein Versagen.

Angst vor Fehlern

Die Angst vor Fehlern und Versagen hält mich davon ab, etwas zu wagen, dessen ich mir nicht sicher bin, oder das mir zu groß, zu schwierig erscheint. Die Angst vor Fehlern hält mich klein und behindert mich in meiner Entwicklung.

Ich habe in meiner Jugend Basketball gespielt. Ich bin für eine Frau recht groß und habe ziemlich lange Arme. Ich weiß noch, dass mein Vater nach dem ersten Spiel, bei dem er zugeschaut hatte, tagelang noch davon sprach, wie lang doch meine Arme seien. In der Verteidigung konnte ich also ziemlich gut Bälle klauen. Das gehörte eindeutig zu meinen Stärken. Zu meinen Schwächen gehörte es allerdings, dass ich im Angriff oft ziemlich unkreativ war. Ich stand da und wusste nicht, wohin mit dem Ball. Oft passte ich den Ball sofort wieder weiter oder warf auf den Korb von einer Position, von der aus ich keinen Erfolg hatte. Das war mein Problem: aus Angst vor Fehlern, wollte ich den Ball so schnell wie möglich loswerden. Die Angst, dass mir jemand den Ball klauen könnte oder ich einen Fehler machte bestimmte meine Spielweise. Etwa so, wie der Diener des Herrn in Lukas 19. Bevor ich etwas falsch mache, vergrabe ich das Geld lieber. Diese Angst vor Fehlern lähmte mich. Ich konnte super verteidigen, Bälle klauen, Spieler decken. Aber was war vorne im Angriff? Wenn es darauf ankam, gab ich den Ball sofort weiter. Wir sind Gottes Kinder. Diese banale Wahrheit ist der Schlüssel. Wir gehören Gott. Wenn wir einen Fehler machen, ist der Vater immer noch in Kontrolle. Er kann es ausbügeln und er wird, wenn wir ihn bitten. Etwa so, wie ein irdischer Vater: vielleicht müssen wir zum Zahnarzt, weil wir nie die Zähne geputzt haben, aber der Vater lässt das Kind nicht allein. Gott ist immer noch größer. Wir gehören ihm. **Wir schränken ihn nicht ein durch unsere Fehler. Nur dadurch, sie ihm nicht zu geben.** Wenn ein Kind mit schmutzigen Kleidern herumläuft, dann liegt das doch nicht daran, dass die Mutter nicht waschen kann, sondern daran, dass das Kind die Kleidung nicht in den Wäschekorb wirft. Also zurück zum Basketballspiel. Gott will keine panischen Kinder, die sobald sie Verantwortung bekommen, den Ball nervös hin und her dribbeln, bevor sie ihm jemanden anderen abgeben können. Wenn das nicht gelingt, die Verantwortung auf andere zu schieben, bevor man den Fehler macht, dann gelingt es einem zumindest danach, die Schuld auf andere zu schieben.

Die Angst vor Fehlern lähmt. Ich genieße die Reaktion meiner Oma auf Fehler oder Missgeschicke, die mir passieren. Sie sagt immer: „Nur wer nichts macht, macht keine Fehler. Je mehr man im Leben macht, desto mehr Fehler passieren einem." Früher nervte mich der Satz eher, denn es half sowieso nichts, wenn ich etwas umgeworfen hatte, musste ich es also aufsammeln, egal ob ich nun viele oder wenige Fehler machte. Doch je älter ich werde, desto mehr entspannt mich dieser Satz. Wenn mir jetzt zum Beispiel beim Kochen ein Missgeschick passiert, kommt mir der Satz in den Kopf und ich verändere meine Perspektive. Wenn wir uns bewusst machen, dass wenn wir Dinge tun, wenn wir in der Arbeit Verantwortung übernehmen, unseren Kindern etwas beibringen, in der Gemeinde mitarbeiten, etc. wenn wir uns von vornherein dessen bewusst sind, dass wir immer noch nicht perfekt sind, sondern, dass wir eigentlich davon ausgehen können, dass wir als Mutter bestimmt einmal falsch auf unser Kind eingehen, als Mitarbeiter in der Gemeinde oder im Job bestimmt mal falsche Entscheidungen treffen, wenn wir das von Beginn an wissen, dass es irgendwann mal passiert, dann fallen wir nicht aus allen Wolken, wenn es dann eintritt. Ich meine nicht, dass wir überall unser Fehlverhalten erwarten sollen. Ich möchte aber, dass wir weg von dieser Erwartung kommen, dass wir alles perfekt machen und wenn wir keine Chance dafür sehen, es perfekt zu machen, dann machen wir es gar nicht. Oder wenn wir es doch versuchen, uns dann doch ein Fehler unterläuft wir aus allen Wolken fallen, „weil uns *soetwas* eigentlich nie passiert." Wir müssen eine gesunde Balance finden, zwischen dem, dass wir uns genug über unser Fehlverhalten aufregen, um daran arbeiten zu wollen und der Entspanntheit: Ja, ich mache Fehler, ich bin immer noch ein Mensch. Je früher wir aufgeben, perfekt sein zu wollen, desto früher nehmen wir uns tatsächlich an. Wenn wir erkennen, wer Gott ist und wer wir sind, fängt wahre Selbstannahme an: Ich bin nicht perfekt und das ist auch gut so, Gott hat mich so geschaffen. Das Leben ist ein ständiger Kampf, wenn wir verkrampft versuchen, perfekt sein zu wollen, statt das Leben zu genießen und zu akzeptieren, dass wir weiterhin Fehler machen werden.

Christ zu werden bedeutet nicht, perfekt zu werden, sondern sein eigenes Ego Gott unterzuordnen. Wenn wir aber versuchen, perfekt zu sein, dann versuchen wir Gott zu sein, statt sich ihm unterzuordnen (nur Gott ist perfekt). Dann glaube ich, dass ich (mein Ego!) es schafft ohne Fehler und damit auf Gottes Niveau zu kommen. Welch verrückte Idee! Das ist etwa so, wie wenn ein Hund versuchen wollte, zu fliegen. Gott hat ihn nicht dazu ausgestattet, Gott hat uns nicht so geschaffen, dass wir perfekt sein sollten. Warum missachten wir seine Schöpfungsidee und missbrauchen uns selbst dazu, etwas erfüllen zu sollen, das nie für uns vorgesehen war? Wir sollten nicht perfekt sein. Gott schuf uns absichtlich so. Wie lange wollen wir noch kämpfen? Wie lange versuchen wir noch das Unmögliche zu erreichen? Geben wir doch endlich auf. Lass uns darauf konzentrieren, das zu werden, wozu wir geplant waren, statt das zu werden, was uns am Besten scheint.

Ich glaube, der Teufel will uns in Extreme treiben. Die einen sind so selbstsicher, dass sie meinen sie seien perfekt. Die anderen meinen, sie sollten nie irgendwo mitarbeiten, weil sie ohnehin nichts Gutes ausrichten können. Lasst uns für eine gesunde Sicht auf unsere Fehler beten. Gott ist Schöpfer, er weiß, dass er uns „unperfekt" geschaffen hat, mit Schwächen. Er kennt uns noch viel besser, als wir uns, er weiß, dass uns Fehler unterlaufen werden. Er ist König, er hat kein Problem mit unseren Schwächen. Selbst die Sünden hat er bezahlt. Sein Sohn hat sie doch bezahlt. Jetzt geht es darum, sie ihm zu geben und an ihnen zu arbeiten. Aber Verdammnis hat keinen Platz für uns, und die Angst vor ihr sollte uns somit nicht berühren.

Josef im Alten Testament ist ein Beispiel für Geduld und Treue, er wird von vielen Pastoren und Predigern als Beispiel aufgezählt, wenn es darum geht, an Gottes Verheißungen festzuhalten und nicht aufzugeben. Josef bleibt Gott treu und verlässt sich auf ihn. Und das obwohl er sich selbst eigentlich Vorwürfe machen könnte. Josef bekommt von Gott Träume über seine Zukunft, in der er über seine Familie herrschen wird. Diese erzählt er seiner Familie. 1. Mose 37,8: „Da sprachen seine Brüder zu ihm: Willst du etwa unser König werden? Willst du über uns herrschen? Darum haßten sie ihn noch mehr, wegen seiner Träume und wegen seiner Reden." Daraufhin werfen seine eifersüchtigen Brüder ihn in einen Brunnen und verkaufen ihn später sogar. Mal ehrlich, er hat ziemlich geprahlt mit seinen Träumen. Als er im Brunnen saß dachte er vielleicht: ich bin selbst schuld. Hätte er nicht leicht sagen können: „Gott, ich war hochmütig. Wahrscheinlich hast du es dir anders überlegt und bevor ich wieder etwas falsch mache, werde ich nichts zum Thema Träume sagen." Erstaunlich aber, dass Gott gerade dass benutzt, worin Josef scheinbar zuvor versagt hat. Er war vielleicht falsch mit den Träumen umgegangen, die Gott ihm gegeben hatte. Ich möchte nicht über ihn urteilen, ich möchte nur sagen, ich hätte mir an seiner Stelle später im Brunnen Vorwürfe gemacht, „ich hätte das nicht erzählen sollen. Vielleicht habe ich sogar nicht mal richtig gehört, vielleicht waren es meine eigenen Gedanken, und nicht Gottes, die mir verheißen haben, über meinen Brüdern zu sein, eines Tages."

Wir sehen also, Josef wird nicht nur deshalb von seinen Brüdern gehasst, weil ihr Vater ihn bevorzugt, sondern er tut auch sein Eigenes hinzu. Ist es nicht ironisch, dass ausgerechnet das Träumedeuten Josef später hilft, aus dem Gefängnis zu entkommen? Gott gibt ihm im Gefängnis eine weitere Chance, als ob er sagt, „Geh richtig mit deiner Stärke um." Zwei Hofbeamte des Pharaos waren ins Gefängnis geworfen worden, wahrscheinlich kannten sie Josef, denn er war bevor er ins Gefängnis geworfen worden war, der zweitwichtigste Mann in Ägypten (1. Mose 39,8). Als die beiden Hofbeamten also im Gefängnis landen und traurig sind, weil es niemanden gibt, der ihre Träume deuten kann, sagt Josef: „Kommen die Deutungen nicht von Gott? Erzählt es mir doch!" (1. Mose 40,8). Wenn ich ehrlich bin, ich hätte nun noch mehr Angst, Träume zu deuten, egal wie sicher ich mir zuvor meiner ersten Deutung gewesen wäre. Denn wenn wir uns Josefs Deutung von seinen eigenen Träumen anschauen, so waren sie bis dahin noch nicht in Erfüllung gegangen. Er hatte keinerlei „Erfolgserlebnisse" bis zu dem Zeitpunkt. Es wird von keinem Traum zuvor berichtet, der bereits eingetroffen wäre. Doch Josef fürchtet sich nicht, einen Versuch der Deutung zu starten, denn er kennt den Entscheidungsfaktor: Gott, von ihm kommt meine Stärke (die Deutung), wie zuvor bei David.

Wozu das alles?!

F ür wen die Schwächen? Für wen die Stärken?
Gottes wunderbarer Plan und Willen, uns in Gemeinschaft
mit ihm und anderen zu führen erscheint manchen komplex
und vielschichtig. Doch ich habe ein einfaches Konzept entdeckt:
Ich glaube, alles hat seinen Sinn. Und ich glaube, unsere Stärken sind
da, um andere zu segnen (jeder bringe das ein, was er hat, zum Beispiel: 1. Petrus 4,10). Es gibt zahlreiche Bibelstellen, die uns dazu ermutigen, unsere Stärken füreinander einzusetzen: ermutigt einander (Hebräer 3,13), kümmert euch um die Nöte des anderen, einer
trage des anderen Last (Galater 6,2), Hilfsbereitschaft (Weigere dich
nicht, dem Bedürftigen Gutes zu tun, wenn deine Hand es vermag.
Sprüche 3,27). Verschiedene Glieder, ein Leib (1. Korinther 12). In
Verschiedenen Bibelstellen zeigt Gott uns etwas Wunderbares: jeder
von uns hat etwas, womit er seine Mitmenschen segnen kann. Gesegnet ein Segen zu sein – Das ist für uns Christen ziemlich einleuchtend und mittlerweile selbstverständlich. Unsere Stärken sind für
andere, wir haben Stärken, um andere zu segnen. Sie sind da, um
anderen zu zeigen, wie gut Gott ist. Unsere Stärken sind Schlüssel
für andere.

Unsere Schwächen sind für uns da.
Das klingt erst einmal etwas provokativ. Allerdings sagt Gott auch
dazu in einigen Bibelstellen seine Meinung: Römer 5,3-8:

*3 Aber nicht nur das, sondern wir rühmen uns auch in
den Bedrängnissen, weil wir wissen, dass die Bedrängnis standhaftes Ausharren bewirkt,*

4 das standhafte Ausharren aber Bewährung, die Be-
währung aber Hoffnung;
5 die Hoffnung aber lässt nicht zuschanden werden;3
denn die Liebe Gottes ist ausgegossen in unsere Herzen
durch den Heiligen Geist, der uns gegeben worden ist.
6 Denn Christus ist, als wir noch kraftlos4 waren, zur
bestimmten Zeit für Gottlose gestorben.
7 Nun stirbt kaum jemand für einen Gerechten; für ei-
nen Wohltäter entschließt sich vielleicht jemand zu
sterben.
8 Gott aber beweist seine Liebe zu uns dadurch, dass
Christus für uns gestorben ist, als wir noch Sünder wa-
ren.

2. Korinther 12,9:

„Und er hat zu mir gesagt: Lass dir an meiner Gnade genügen, denn meine Kraft wird in der Schwachheit vollkommen! Darum will ich mich am liebsten vielmehr meiner Schwachheiten rühmen, damit die Kraft des Christus bei mir wohne."

Johannes 16,23-24:

„Und an jenem Tag werdet ihr mich nichts fragen. Wahrlich, wahrlich, ich sage euch: Was auch immer ihr den Vater bitten werdet in meinem Namen, er wird es euch geben! Bis jetzt habt ihr nichts in meinem Namen gebeten; bittet, so werdet ihr empfangen, damit eure Freude völlig wird! Wahrlich, wahrlich, ich sage euch: Was ihr den Vater bitten werdet in meinem Namen, wird er euch geben. Bis jetzt habt ihr nichts gebeten in meinem Namen. Bittet, und ihr werdet empfangen, damit eure Freude völlig sei!"

Aber wann bitten wir? Wir bitten, wenn wir es brauchen! Also Not führt zu Gebet, das führt zur Gebeterhörung und das führt zur völligen Freude. Also können wir uns bereits in der Not auf die Antwort freuen.

Not

Gebet

Antwort

Freude

Schwächen sind Schlüssel für uns, um uns Gott zu nahen, uns von ihm abhängig zu machen, demütig zu bleiben, im Charakter zu reifen, ihn besser kennenzulernen. Wow. Ich bin davon überzeugt, dass wir Gott durch jede Not noch besser kennenlernen. Eine reife Beziehung mit Gott besteht aus mehr als nur Begegnungen in schwierigen Zeiten. Aber wir entwickeln in diesen Zeiten oft einen besonderen Hunger nach Gottes Gegenwart und Reden. Gott nutzt diese schweren Zeiten, um sich uns zu offenbaren.

In der Bibelschulzeit wollte ich einen Brief schreiben, hatte allerdings keine Briefumschläge. Also betete ich an einem Mittag, dass ich einen Briefumschlag bekomme, ohne mir einen ganzen Stapel kaufen zu müssen. Am Abend war ich im Jugendkreis. Danach räumte ich auf und fand ein paar Zettel, die für ein Spiel benutzt worden waren. Ich fragte den Jugendleiter, ob ich diese wegwerfen sollte. Er bejahte und scherzte, es sein denn, ich würde sie behalten wollen. Ich sah sie mir genauer an. Zwischen den Zetteln entdeckte ich unbeschriebene Briefumschläge. Scheinbar waren die Zettel zuvor darin gewesen. „Kann ich diese Umschläge haben?" Der Leiter lachte und bejahte. Ich nahm die Umschläge und kam aus dem Staunen nicht mehr heraus, Gott beschenkt in so alltäglichen, kleinen Dingen, wie Briefumschläge. Es war wirklich eine Kleinigkeit, doch für mich war es eine neue Erfahrung, dass Gott sich noch am selben Tag um so eine kleine Angelegenheit von mir kümmert. Ich entdeckte eine neue Facette von Gott, die ich ohne meiner **Not**, meinem **Gebet** und seiner **Antwort** nicht erfahren hätte. Und vor allem war ich wirklich überglücklich (**Freude**), dass Gott sich so sehr um mich kümmert. Dieses Erlebnisses ermöglichte es mir, Gottes Liebe auf einer neuen Ebene zu erleben. Jeder Christ wird zahlreiche solcher kleinen und großen Erlebnisse haben, die uns mehr und mehr von Gottes Charakter und Liebe zu uns zeigen. Mir hat dieses kleine Wunder eine riesige Freude bereitet!

Wenn wir dieses Prinzip erkennen, erkennen wir umso mehr das Geheimnis unserer Schwächen und Stärken. Als beispielhaftes Bild, ist es wie ein Schlüssel – er funktioniert nur dann, wenn das Zusammenspiel der Einkerbungen und der Ausbuchtungen stimmt.

Gott hat nie gesagt, wir sollen uns über Schwächen eines anderen freuen. Noch darüber, dass wir in unserer Schwachheit alleine sind. Unsere Schwachheit führt uns zu Gott. Unsere Stärken führen andere zu Gott.

Natürlich ist es keine Regel, Gott gebraucht auch unsere Schwachheiten für andere und selbstverständlich auch unsere Stärken für uns selbst. Aber die Tendenz, dass Gott uns befiehlt unsere Stärken füreinander einzusetzen und unsere Schwächen ihm zu bringen, zeigt, was uns verbindet. Die Stärken sollten wir Menschen untereinander austauschen, unsere Schwächen mit der Stärke des

Herrn. Welch mathematische Gleichung, damit wir ein Schlüssel sind, mit starkem Profil, der greift und jede Türe in unserem Leben öffnet. Jede Situation ist eine Tür, je nachdem wie wir mit ihr umgehen, bremst sie uns, oder führt sie uns näher ans Ziel, Christus ähnlicher zu werden, denn das ist unsere ultimative Bestimmung. Darin bringen wir Gott am meisten Ehre. Einfach indem wir ihm gleich werden, in der Art, wie wir lieben, leben, handeln, sprechen. Es klingt einfach und schwierig zugleich, es ist unerreichbar allein. Auch dazu brauchen wir Gott.

Angst vor Schwächen

E goismus im Westen. Die Angst vor unseren eigenen Schwächen hält uns ab, andere um Hilfe zu bitten, oder um Rat. Die Angst vor unseren Schwächen kann uns isolieren, wenn wir Angst haben, dass andere unser wahres, manchmal auch schwaches Ich erkennen.

Ich bin in einer tollen christlichen Familie aufgewachsen. Ja, beides, christlich und toll. Und nicht perfekt. Im Bestreben perfekt zu sein, gab es Situationen, in denen der Schwerpunkt des Lebens zu sehr auf Leistung lag. Zumindest empfand ich eine gewisse Überbetonung der Leistung. Gute Noten reichten oft nicht, es mussten die besten sein. Die Gesellschaft ist so geprägt. All die verrückten Talentshows im Fernsehen sind darauf ausgelegt, der Beste zu sein. Es reicht nicht, gut zu singen, du musst besser sein als alle anderen, dir keine Fehler erlauben. Wir müssen alles selbst schaffen. Denn wenn ich es selbst schaffe, kann ich sagen, *ich* war so toll. Das macht uns Menschen aus. Es ist etwa so, wie wenn ein kleines Mädchen zum ersten Mal einen Kuchen backt. Und dann beim Eier-trennen passiert ein Missgeschick und Eigelb und Eiweiß landen in derselben Schüssel. „Mama" . Mama hilft. Später sitzen alle am Tisch und die Mutter sagt, die kleine Tochter habe den Kuchen ganz allein gebacken, dann sagt die kleine Bäckerin traurig, nein, habe sie nicht. „Mama hat die Eier getrennt." Etwas davon ist in jedem von uns. Wir wollen es selbst schaffen. Allein. Es ist nichts falsch daran, eigenständig zu werden, doch müssen wir lernen, dass Eigenständigkeit nicht Unabhängigkeit bedeuten soll. In unserem Leben, Alltag, Beruf, Familienleben, egal welchen Bereich unseres Lebens, gibt es Momente und Situationen, in denen wir eigenständig entscheiden, andere Menschen mit einzubeziehen. Ein typisches Beispiel dafür ist Mose. Nachdem er das Volk Israel aus Ägypten geführt hat, geht er auf den Rat seines Schwiegervaters ein und statt alle Streitereien innerhalb des Volkes allein zu lösen, setzt er Richter ein (2. Mose 18,17-27). Wir müssen uns vorstellen, das war nicht nur ein einfacher Schritt für Mose, schließlich würde er damit nicht nur die Kontrolle verlieren, sondern könne er auch nicht mehr sagen, er sei der alleinige Rechtsprechende im Volk. Wir müssen loslassen lernen. Wir müssen akzeptieren, dass es in unserem Leben nicht um uns geht. Wenn wir uns vor Augen halten, dass der Leib Christi ein Leib ist, fällt es uns leichter, einzusehen, dass wir andere brauchen. Wir sind *ein* Leib (1. Korinther 12), *eine* Braut. Im Reich Gottes gibt es keinen Platz für Einzeller. Als ein Fuß sind wir eigenständig, wir können laufen. Doch sind wir nicht auch darauf angewiesen, dass Gehirn und Augen uns die richtigen Signale senden? Diese Abhängigkeit ist keinesfalls negativ, sie erleichtert uns ungemein den Alltag und das Leben! Denn wir *können* es uns erlauben, etwas nicht zu können, etwas nicht zu wissen und das bedeutet nicht, dass wir nichts tun. Kennst du das, wenn du Treppen hinuntersteigst und weshalb auch immer eine Stufe weniger erwartest als tatsächlich vorhanden ist? Du meinst dann, unten angelangt zu sein, doch du machst dann nochmal einen Schritt, und es ist eine weitere Stufe. Es bedeutet nicht gleich, dass du umfällst, aber erst einmal kann es dich in deiner Balance beeinflussen und ein komisches Gefühl herbeiführen. Vielleicht stolperst du aber tatsächlich und fällst sogar hin. Wenn das Auge die Stufen nicht sieht, dann kann das zum Fehlverhalten der Füße kommen. Wenn das Auge die Stufen erkennt und richtig einschätzt, erleichtert es das Leben ungemein. Gleichzeitig bedeutet es jedoch nicht, dass die Beine keine Arbeit verrichten, laufen müssen sie immer noch selbst, ob die Augen den Durchblick haben oder nicht. So ist es in unserem Leben auch. Wir können um Rat fragen, andere um Hilfe bitten oder um einen Gefallen. Das bedeutet nicht, dass wir unsere Verantwortung abgeben, es bedeutet lediglich, dass wir unser Leben erleichtern und uns auf das konzentrieren, was wesentlich ist, was unsere Aufgabe ist. Nicht nur im Alten Testament baten Menschen andere um Hilfe, auch Jesus selbst ist uns hierin ein Beispiel. In Matthäus 26,37 nimmt Jesus drei seiner Jünger mit in den

Garten Gethsemane und bittet sie, mit ihm zu wachen. In den folgenden zwei Versen spricht Jesus: „Da spricht er zu ihnen: Meine Seele ist tief betrübt bis zum Tod. Bleibt hier und wacht mit mir! Und er ging ein wenig weiter, warf sich auf sein Angesicht, betete und sprach: Mein Vater!"

Jesus war hundertprozentig Mensch und Gott zugleich. In dieser Bibelstelle entdecken wir seine menschliche Seite, er braucht Freunde, die mit ihm sind. Auch wenn er vorrangig Gott braucht und auch zu ihm betet, so hilft ihm doch die Gewissheit, dass er nicht alleine ist, dass seine Freunde mit ihm sind. In dem Moment seiner Schwachheit, wo seine Seele betrübt ist, braucht er seine engsten Freunde. In unseren Schwierigkeiten, unseren schwachen Momente, wo wir traurig, ratlos, verzweifelt sind, brauchen wir unsere Freunde um uns herum. Selbst wenn sie vielleicht nicht „helfen" können – wie in Jesu Beispiel. So hilft uns dennoch deren Gemeinschaft. Jesus ist unser Vorbild, wir wollen mehr so werden wie er, dann sollten wir ehrlich zu uns selbst sein und uns nichts vormachen. Als Christen sind wir keine „Über-Menschen", die alles alleine schaffen. Jesus war ganz Gott und ganz Mensch und wünschte sich dennoch Beistand. Seien wir ehrlich zu uns und zu unseren Freunden. Wenn wir „zu Tode betrübt sind", dann dürfen wir das sagen, wenn wir zu viel Arbeit haben, müssen wir eine Lösung finden, wie wir die Aufgaben erledigt bekommen, ohne zugrunde zu gehen (Beispiel Mose).

Was ist wesentlich?

Überlege einen Augenblick, welchen der folgenden Aussagen du zustimmst und warum:

- Ich habe immer alles unter Kontrolle, wenn nicht, dann braucht es einfach eine Weile, bis ich wieder das Chaos beherrsche, dafür brauche ich aber niemanden

- Es gibt Situationen, in denen fällt es mir schwer, andere nach Rat zu fragen, denn eigentlich denkt jeder, ich sollte die Lösung wissen. Ich möchte nicht, dass Menschen einen falschen oder schlechten Eindruck von mir gewinnen.

- Manche Menschen fragen ständig andere nach Rat und gehen dann erst recht einen anderen Weg. Ich sehe keinen Sinn darin.

- Ich frage gerne andere nach Rat. Sie wissen meist mehr als ich.

- Sobald mir eine Aufgabe zu schwierig erscheint, frage ich andere nach Rat.

- Der Rat vieler macht weise – das ist mein Motto. Manchmal vergesse ich sogar, selbst zu überlegen.

Warum stimme ich dem jeweiligen zu?

Vielleicht wunderst du dich, dass ich so sehr an diesem Punkt verweile, denn das meiste erscheint einleuchtend. Ich möchte dennoch die Bedeutung dieses Aspekts noch einmal genauer beleuchten. Ich bin davon überzeugt, dass der Teufel uns immer in Extreme führen möchte. Zu Adam und Eva hat er im Garten Eden gesagt: „Sollte Gott wirklich gesagt haben, dass ihr von keinem Baum im Garten essen dürft?" (1. Mose 3,1). Die Schlange spricht von der extremen Situation, dass Adam und Eva von keinem Baum essen dürften. Das erscheint ziemlich übertrieben, wovon dürften sie dann essen? Das war eine Lüge, die die Schlange unter die Menschen bringen wollte. Demnach dürften Menschen nur von Sträuchern essen. So glaube ich zwei Typen von Menschen zu erkennen, bezüglich der Eigenschaft, andere um Hilfe zu Fragen. Es gibt Menschen, die würden eher verhungern als andere um Hilfe zu fragen. Sie möchten nicht zugeben, dass sie in einer misslichen Lage sind und Geld für

Nahrungsmittel brauchen. So gibt es beispielsweise viele Familien, die sich einen gewissen Lebensstil nicht leisten können, aber gleichzeitig ihn nicht aufgeben wollen. So kommt es zur Verschuldung, kaum Lebensmitteln im Haus aber den neuesten Flachbildschirm im Wohnzimmer und einen neuen Daimler in der Garage. Niemand soll von ihrer Schwäche erfahren. Vielleicht kennst du sogar so eine Familie. Sie verstecken ihre Schwächen, oder ihre Not oft nicht nur vor anderen, sogar auch vor sich selbst und lassen die Briefe mit Rechnungen noch verschlossen in eine Schublade verschwinden. Oder es gibt den anderen Typ: Menschen, die meinen jeder andere ist verantwortlich für jedes Problemchen in ihrem Leben. So kommt es dazu, dass sie skrupellos Menschen um Dinge fragen, die sie mit Leichtigkeit selbst lösen könnten. Beispielsweise gibt es Leute, die per Anhalter fahren möchten, und dafür an einer Bushaltestelle stehen und auch noch genau dorthin möchten, wo der Bus hinfährt. Allerdings möchten sie das Geld für den Bus nicht ausgeben und versuchen es mal, ob jemand anderes das Problem, von A nach B zu kommen, für sie lösen kann. Gott möchte, dass wir in keinem der Extremen leben. Gott möchte, dass wir verantwortungsvoll mit unserem Leben umgehen. Römer 12,1: „Ich ermahne euch nun, ihr Brüder, angesichts der Barmherzigkeit Gottes, dass ihr eure Leiber darbringt als ein lebendiges, heiliges, Gott wohlgefälliges Opfer: das sei euer vernünftiger Gottesdienst!"

Ich gehöre eher zu dem Typ Mensch, der versucht alles selbst zu regeln, zu organisieren und auf die Reihe zu bekommen. Früher war diese Eigenschaft von mir stark ausgeprägt. Das hieß, ich würde nach einer Veranstaltung eher heimlaufen, bevor ich jemanden fragen würde, ob er mich vielleicht ein Stück mit dem Auto mitnehmen oder gar heimfahren kann. Ich merkte, es fiel mir nicht nur schwer, andere um Hilfe zu fragen, sondern auch auf deren direkte Anfragen einzugehen. Erschien es mir doch meist relativ einfach, dass sie das Problem selbst lösen könnten. Ich wollte, dass jeder von uns Kopf, Auge, Bein und Leber zugleich sei. Immer und überall, immer selbstgenügend, selbstausreichend, immer hundert Prozent unabhängig. Als besonders herausfordernd erschienen mir Situationen, in denen mich jemand darum bat, für ihn bei einer dritten Person um Hilfe zu fragen. Denn das hieß, ich musste vor eine dritter Person hin stehen und für jemand etwas bitten, das ich selbst nie für mich gefragt hätte.

Je mehr ich diese Eigenschaft von mir feststellte, desto mehr realisierte ich, wie ich Liebe stark begrenzte. Ich beschränkte Liebe darauf, nur dann Hilfe zu leisten, wenn der andere es nicht selbst lösen konnte, oder wenn ich es einfach anbot. Irgendwie konnte ich nicht jemanden um etwas bitten, was ich selbst als unverschämt empfinden würde. Wobei meine Definition von unverschämt ziemlich weit war. So ziemlich alles, was irgendwie selbst lösbar war, sollte man selbst lösen und nicht von jemand anderem erfragen. Eines Tages fiel das einem Freund von mir auf, und er sagte dann ziemlich trocken: „Wer bist du, dass du die Definitionen für alle setzt? Wenn meine Frage an dich nur ist, meine Bitte an jemanden anderen weiterzugeben, dann muss es ja nicht hundertprozentig in deinen engen Rahmen der Dinge passen, die du für angemessen hältst, sie von jemand erfragen zu dürfen." Wenn du wirklich liebst, gehst du für den anderen weiter, als für dich. Zum Beispiel fragt eine Mutter einen Arzt wahrscheinlich mehr Dinge, wenn das Kind krank ist, als wenn sie es selbst ist. Und nicht nur, weil sie erwachsen ist und das Kind jung, sondern weil sie besorgter ist um das Wohl des Kindes als um ihr eigenes. Ich unterlag diesem Prinzip auch, aus Liebe zu anderen weiterzugehen für sie als für mich. Allerdings war mein Rahmen, in dem ich mich für meine eigenen Nöte bewegte so eng und begrenzt, dass ich bei der kleinsten Anfrage von anderen bereits nervös wurde.

Einfach einfacher

Gott wollte nie, dass wir alles sind. Gott war ehrlich und sagt in 1. Mose 2,18: „Es ist nicht gut, dass der Mensch alleine sei, ich will ihm eine Gehilfin machen, die ihm entspricht." Bemerkenswert ist, dass es bereits im wunderschönen Garten Eden nicht gut für den Menschen war, alleine zu sein. Obwohl es dort keine Schmerzen, keine Trauer und kein sonstiges Leid gab. Es bedeutete nicht, dass Adam gewisse Dinge nicht tun konnte, es war einfach einfacher, sie nicht allein tun zu müssen. Das Ergebnis war Eva. Wenn Gott schon sagt, es ist nicht gut, dass wir uns alleine durch das Leben kämpfen, wer sind dann wir, dass wir darauf bestehen, es allein zu versuchen? (Ich erinnere daran, dass Jesus die Stunden vorm Tod nicht alleine verbringen wollte). Als ich merkte, dass es mir schwerfiel andere um einen Gefallen zu bitten, vor allem aber auf Anfragen anderer positiv zu reagieren, bat ich Gott besonders an diesem Punkt in meinem Leben an mir zu arbeiten. Eines Tages offenbarte Gott mir, warum ich so gestrickt bin, dass es mir so unglaublich schwer fiel, andere nach einem Gefallen zu bitten. Vieles hängt mit der Prägung zusammen. Unser Charakter wird maßgeblich geprägt bis zum Alter von sieben bis zehn Jahren. Danach entwickeln wir nur noch unsern Charakter aber die Grundeigenschaften sind festgelegt. Gott erinnerte mich an einen Satz, den ich oft in meiner Kindheit und Jugend gehört habe. Ein guter Satz: „Ruf mich, wenn du etwas nicht alleine kannst, dann helfe ich dir. Alles andere tue allein." An dem Satz ist erst einmal nichts auszusetzen. So muss ein Kind doch lernen, sein Bestes zu geben, und erst dann andere um Hilfe zu fragen, wenn es etwas nicht alleine tun kann. Es wäre ärgerlich, wenn ein zehnjähriges Kind nach der Mutter ruft, weil es die Zahnpasta Tube nicht aufbekommt, ohne es zuerst allein zu versuchen. Allerdings habe ich für mich ein extremes Prinzip hinter diesem Satz aufgebaut: ich darf Menschen nur dann um Hilfe bitten, wenn es *wirklich* nicht ohne geht. Wenn ich mich in einer ausweglosen Situation befand, dann war es in Ordnung, nur die gab es allerdings eigentlich nicht. Als Beispiel, ich stellte mir vor, wenn jetzt niemand Zuhause wäre, ich eine Aufgabe aber dringend zu lösen hätte, würde ich sie lösen können? Wenn ja, dann versuchte ich es allein. Egal wie umständlich, schmerzhaft oder langwierig es werden mochte. Ich würde meinen für mich viel zu schweren Reisekoffer alleine die Treppen runter „tragen", zerren, ziehen, bevor ich jemanden fragte. Zur Not, könnte ich die Hälfte des Kofferinhalts wieder auspacken und einzeln die Treppen hinunter tragen und dort wieder einpacken. So einen Lebensstil hatte Gott allerdings nie für uns gedacht. Vielleicht bist du ja ähnlich geprägt wie ich und zweifelst jetzt an meiner Entwicklung, hin zu einer Person, die es auch wagt, Dinge zu erfragen, die sie theoretisch allein bewältigen könnte. Ich möchte zeigen, dass wir Dinge von anderen erbitten dürfen, die für uns machbar sind, uns allein aber Schwierigkeiten bereiten. Oder einfach nur zu kompliziert erscheinen. Stell dir einmal vor, die Gemeinde würde mit Menschen wie mir gebaut werden, die meinen, alles selbst schaffen zu können. Das hieße, es gäbe den Pastor – keine sonstigen Mitarbeiter, er würde putzen, denn das kann er. Er würde die Werbung, Medienarbeit, den Einkauf an allen Mitteln tätigen, die wir für Gemeindefeste brauchen, also von Stühlen, Vorhängen, Mikrofonen bis hin zu Klopapier, was er bisher nicht weiß, kann er sich in einem Handbuch anlesen. Ach und sonntags würde er nicht nur predigen, sondern auch in der Liederauswahl des Lobpreises mitwirken. Im Lobpreis an sich ist er nicht involviert, aber er hat eine gute Ausrede, es ist zum Wohle der Gemeinde, denn sein musikalisches Talent ist sehr beschränkt, kein Rhythmusgefühl und von Noten hat er ohnehin keine Ahnung. Es wäre eine One-man-Show. Es wäre kein Leib. Es wäre ein Kopf (Pastor) mit zwei Armen (Lobpreisteam) denn die spielen Klavier. Es wird schnell klar, dass das nicht funktionieren würde, obwohl der Pastor sich sehr wohl um alle möglichen Dinge kümmern könnte, er müsste sich einfach nur einarbeiten in das Thema Buchhaltung, Hygiene einer viel benutzten Toilette, usw. Wir erkennen klar, dass es keinen Sinn machen würde. In unserem Leben hinterfragen wir dieses Prinzip allerdings oft.

Vielleicht gehörst du aber eher zu dem anderen Typ Mensch. Wenn es eine Aufgabe gibt, schaust du erst einmal, wer sie für dich erledigen kann. Du denkst dir, warum sich selbst die Mühe machen, wenn jemand anderes es für mich macht. Außerdem zwingst du ja niemanden dazu, du fragst einfach und Leute sagen Ja und helfen gerne. „Du gibst anderen die Chance, ein Segen zu sein" ist vielleicht deine geistliche Rechtfertigung. Auf Dauer beraubst du dich selbst des Segens. Unser Leben ist nur unseres, weil wir es leben. Lies den Satz noch einmal: Unser Leben ist nur unseres, weil WIR es leben. Sonst wäre es ja das eines anderen Menschen. Gott möchte, dass wir seine Kinder sind und nicht auf ewig Kinder von anderen, was ich bezüglich Verantwortung und Hilfe meine. Natürlich bleiben wir immer die Kinder unserer Eltern. Wenn wir uns allerdings bewusst sind, dass Gott uns ausgestattet hat mit allem, was wir für ein gott-gefälliges Leben brauchen (1. Petrus 2,3), wird uns schnell bewusst, dass er dann auch möchte, dass wir es einsetzen, statt nur auf die Gnade anderer zu hoffen.

Wenn wir bei dem Bild des Schlüssels bleiben, mit Einkerbungen (Schwächen) und Ausbuchtungen (Stärken) das Gegenstück unserer Einkerbungen finden wir im Gebet. Wir beten das Gegenstück dazu. Gott füllt unseren Mangel aus, seine Antwort ist oft durch andere Menschen. Dies erleichtert uns nicht nur die Verbindung mit Gott aufrechtzuerhalten, sondern auch zu unseren anderen Körperteilen – dem Kopf zum Fuß, und diesem zum Auge. Gott ist gut. Gott weiß, was er tut, und er wusste auch, was er schreiben ließ in der Bibel: wir sind ein Leib.

Das Wesentliche

U nser Ziel ist im Bereich unseres Unmöglichen

In Lukas 18,27 steht, dass eher ein Kamel durch ein Nadelöhr geht als dass sich ein Reicher bekehrt. Jesu Jüngern scheint dies nicht besonders zu gefallen und sie fragen ihn, wer kann sich denn dann überhaupt bekehren? Mir gefällt Jesu Antwort, er sagt: Was bei den Menschen unmöglich ist, das ist bei Gott möglich. Gott gibt uns im Alten Testament eine Aufgabe, gleich zu Beginn der Menschheitsgeschichte.1. Mose 1,28: Und Gott segnete sie, und Gott sprach zu ihnen: Seid fruchtbar und mehret euch und füllet die Erde und machet sie euch untertan; und herrschet über die Fische des Meeres und über das Gevögel des Himmels und über alles Getier, das sich auf der Erde regt!

Gott segnet, gibt uns eine Aufgabe, und sagt, geht und tut. Derselbe Gott kommt im Neuen Testament persönlich, leibhaftig auf die Erde, die er selbst erschaffen hat und gibt uns einen weiteren Auftrag. Ein Auftrag, von dem er selbst sagt, es ist unmöglich für uns. Es findet keiner zu Gott, es sei denn der Heilige Geist offenbart es dem Menschen. Das ist wirklich verrückt und dennoch lesen wir in Matthäus 28,19 wir sollen alle Welt zu Jüngern machen. Aber das können wir doch gar nicht. Genau. Das ist der Schlüssel. Wir können es nicht. Es ist etwa so, als wenn ein Vater seinem fünfjährigen Sohn sagt: „Kannst du bitte unser Familienauto in die Garage stellen?" Der kleine Sohn kann vielleicht das Auto öffnen, kann auf den Fahrersitz klettern und wahrscheinlich auch den Schlüssel ins Schloss stecken, aber dann hört es schon auf. Er hat zu kurze Beine um zu den Pedalen zu kommen. Der Junge ist allein von seinen physischen Voraussetzungen nicht in der Lage, das Auto zu fahren. So ist es mit uns. Allein von unseren Voraussetzungen ist es uns unmöglich, die Herzen der Menschen zu erreichen. Wir erreichen keine Herzen, wir können niemandem Gott beweisen, zeigen oder erleben lassen. Gott selbst stellt sich den Menschen vor, wir können nur die Situation schaffen, in der dies geschieht. Indem wir Menschen anbieten, für sie zu beten, ihnen von unseren Erlebnissen mit Gott erzählen, ein heiliges Leben voller Liebe zu Gott und den Menschen führen.

Der Auftrag an die Jünger

Matthäus 28,16-20:

„16 Die elf Jünger aber gingen nach Galiläa auf den Berg, wohin Jesus sie bestellt hatte. 17 Und als sie ihn sahen, warfen sie sich anbetend vor ihm nieder; etliche aber zweifelten. 18 Und Jesus trat herzu, redete mit ihnen und sprach: Mir ist gegeben alle Macht im Himmel und auf Erden. 19 So geht nun hin und macht zu Jüngern alle Völker, und tauft sie auf den Namen des Vaters und des Sohnes und des Heiligen Geistes 20 und lehrt sie alles halten, was ich euch befohlen habe. Und siehe, ich bin bei euch alle Tage bis an das Ende der Weltzeit! Amen."

Wir kennen besonders Vers 19, wo wir aufgefordert werden, Menschen zu Jüngern Jesu zu machen. Doch wenn wir den ganzen Abschnitt betrachten, fällt uns auf, dass in dem Vers direkt davor, Jesus sagt, Mir ist alle Macht im Himmel und auf Erden gegeben. Das bedeutet, er ist allmächtig. Ich glaube, Jesus sagt uns hier nicht einen Grund, *warum* wir Menschen zu ihm führen sollen, sondern einen Weg: durch ihn. Der Abschnitt ist wie ein Sandwich aufgebaut. Jesus sagt: ich bin allmächtig, ihr tut die Aufgabe, die ihr alleine nicht könnt (Menschen zu Jüngern machen). Ich bin bei euch alle Tage.

Jesus ist allmächtig.

Er gibt uns eine unmögliche Aufgabe.

Er ist immer bei uns.

Dadurch ist die Lösung der unlösbaren Aufgabe klar.

Christus ähnlicher werden

U nser Ziel als Christen ist es, Jesus ähnlicher zu werden. Dafür müssen wir Zeit mit ihm verbringen. Um Christus ähnlicher zu werden, müssen wir ihm begegnen. 2. Korinther 3,18: „Wir alle aber, indem wir mit unverhülltem Angesicht die Herrlichkeit des Herrn anschauen wie in einem Spiegel, werden verwandelt in dasselbe Bild von Herrlichkeit zu Herrlichkeit, nämlich vom Geist des Herrn."

Wir müssen wissen, wer WIR sind und wer er ist. Kinder ahmen Eltern nach. Das ist manchmal so süß, wenn Kleinkinder sich über die Stirn fahren und sagen: „Ich schaffe das nicht" oder wenn ein kleiner Junge lässig die Hände in die Hosentaschen steckt und einen auf obercool macht. Sie schnappen Bewegungen und Ausdrucksweisen viel schneller auf als einem manchmal lieb ist. Sie beobachten die Bewegungen ihrer Eltern solange, dass es oft ihre eigenen werden und sie sich selbst so bewegen. Wir können Jesus nur ähnlicher werden, wenn wir ihn anschauen. Es klingt oft obergeistlich oder selbstverständlich, jedenfalls ist es essentiell.

Unsere Schwächen grenzen Gottes Liebe für uns nicht ein, sie überraschen ihn auch nicht. Was sollen wir also tun mit unseren Schwächen? Wie Paulus schreibt, er ist noch lange nicht perfekt, sehnt sich aber danach, und streckt sich aus nach dem, was vor ihm liegt. Wir sind nicht perfekt, werden wir auch nicht sein, aber dennoch können wir an unseren Schwächen arbeiten. Es gibt diese Momente im Leben, da rege ich mich so sehr über mich selbst auf, über meine eigene Schwäche, mein Versagen, meinen fehlerhaften Charakter, da wünsche ich mir manchmal, ach, nimm doch meinen Charakter Gott und gib mir einen neuen, einfach so. Wir sind eine neue

Schöpfung, aber dennoch müssen wir das alte, egoistische, selbstsüchtige Ich immer wieder ablegen, ablegen, ablegen... verrückt. In einem dieser Momente, wo ich zu Gott schrie, „ach wäre ich doch nur anders", hielt ich kurz inne und dachte wirklich darüber nach, wie ich mich verändern kann. Wie werde ich die Person, die ich gerne wäre? Gott gab mir die Bibelstelle: im Anschauen seiner selbst werdet ihr verwandelt. 2. Korinther 3,18. Gottes Geist ist Freiheit, schreibt Paulus direkt im Vers davor. Wir haben Freiheit, vor Gott zu treten, Freiheit, weil uns der Geist der Sohnschaft gegeben wurde. Das Problem ist, wir werden erst dann verwandelt, wenn wir ihn anschauen. und wann schauen wir ihn an? Meistens erst, wenn unsere Stärke nicht ausreicht, weil unser Versagen zu groß ist, dann schauen wir ihn an. Das ist der Moment, wo er an uns arbeitet, sich uns zeigt, sich uns offenbart und wir ihn kennenlernen, so tief und auf intime Weise, dass er uns verwandelt. Wir beginnen seine Charaktereigenschaften zu verinnerlichen, so wie Kleinkinder die ihrer Bezugspersonen.

Eins ist klar, wenn wir erst einmal unsere Schwäche identifiziert haben, beheben wir sie nicht dadurch, dass wir uns auf sie konzentrieren und sie anstarren, bis sie auf magische Art und Weise verschwindet. Wie funktioniert es dann? Bankangestellte lernen die verschieben Banknoten auf die Schnelle zu identifizieren. Sie sind darauf angewiesen, echte von gefälschten Banknoten unterscheiden zu können. Wie lernen sie das? In dem sie die echten Banknoten sehen, sehen, und sehen! Sie üben das schnelle Zählen mit echten Banknoten. Es gibt wahrscheinlich unendlich viele Möglichkeiten zu versuchen, Banknoten zu fälschen. Es würde ihnen also nicht helfen, wenn ihnen jeden Tag jemand einen Vortrag hält, von den verschiedenen Fälschungsbeispielen. Nein, sie lernen die richtigen von den falschen zu unterscheiden, indem ihnen ständig und ausschließlich *echte* gezeigt werden, sie mit echten zu tun haben. Genauso ist es mit Gott. Wir werden nur verwandelt, wenn wir ihn anschauen. Wir müssen nicht alle unendlich vielen verschiedenen Möglichkeiten kennen, in einer Situation falsch oder unangemessen zu reagieren, sondern wir müssen wissen, was das richtige ist: Gottes Charakter kennen.

Wie lernen wir Gott kennen? Wie können wir Gott anschauen? Die Bibel sagt, Jesus ist das fleischgewordene Wort. Das gibt uns alles, wow, das ist so herrlich, göttlich simpel. Gottes Wort ist Jesus selbst. Das ist ziemlich verrückt und passt nicht ganz in unseren menschlichen Verstand, unser Fassungsvermögen ist zu beschränkt, zu klein, für diese verrückte Dimension, Gott ist Jesus und sein Wort gleichzeitig. Das bedeutet, dass wir durch das Bibellesen verwandelt werden in sein Bild. Medienwirkungsforscher untersuchen die Wirkung von Medien auf menschliches Denken und verhalten. So gab es einen Versuch (Bandura, 1963) bei dem Gruppen von Kindern verschiedene Filme gezeigt wurden, die Filme waren unterschiedlich aggressiv. Jeder Gruppe wurde ein anderer Kurzfilm gezeigt. Danach wurden die Kinder in eine emotional frustrierende Situation gebracht (z.B. sie durften keine Süßigkeiten essen, obwohl welche direkt vor ihnen lagen). Es lag eine Puppe im selben Raum. Die Kinder, die einen aggressiven Film gesehen haben, begannen die Puppe zu schlagen, so wie im Film gezeigt. Kinder, die einen nicht aggressiven Film gesehen haben, blieben gegenüber der Puppe normal.

Es gibt viele solcher Versuche, diese zeigen, wenn es hart auf hart kommt und wir nicht wissen, wie wir mit einer gewissen Situation, v.a. Frustration umgehen sollen, dann tun wir das, was wir zuvor andere haben tun sehen. Das funktioniert besonders bei Kindern. Das bedeutet, wenn jemand als Kind sieht, dass man friedlich streiten kann, wird es auch später eher ruhig streiten im eigenen Leben als Teller herumzuwerfen. Wenn man als Kind aber die Erfahrung gemacht hat, es ist ok sein halbes Wohnzimmer zu ruinieren im Affekt des Streites, ist die Wahrscheinlichkeit größer, dies auch im eigenen Leben zu tun.

Wenn wir also Gott anschauen, wie er Menschen behandelt, wie er liebt, wie er gnädig ist – über die ganze Bibel hindurch, auch schon im Alten Testament (siehe z.B. Jona) werden wir verwandelt. Wenn wir in eine Situation kommen, die unsere Reaktion erfordert, wird es uns leichter fallen, eher göttlich zu handeln als menschlich. Im Anschauen seiner selbst werden wir verwandelt. Es gibt keine Tabletten, keine Formel und keinen Zauberspruch, der uns verwandelt, es erfordert Zeit, Disziplin und Kraft. Aber ich möchte Tag und Nacht über Gottes Wort nachdenken und verwandelt werden, hinzu einer Person, die bedingungslos liebt, selbstlos, demütig, ehrlich, zielstrebig, Gott gefällig, ein Segen ist.

Als Christen meinen wir unsere Aufgabe auf der Erde zu kennen. Gott verherrlichen, ihn ehren, seine Zeugen sein, Menschen zu Jüngern machen, das Evangelium erzählen, ihm ähnlicher werden, ihn lieben mit ganzen Verstand, Seele und von ganzer Kraft (Matthäus 22,37[3]). Aber seien wir mal ehrlich, wenn wir nicht gerade Pastoren oder Missionare oder sonst in einem Vollzeit-Dienst in der Gemeinde, dem Leib Christi sind, haben wir nicht mehr so klare Vorstellungen, wie unsere Aufgabe, Gott zu lieben, ihn zu ehren, und seine Zeugen zu sein konkret aussieht. Es gibt Momente in unserem Leben, da wissen wir nicht, wie wir oder ob wir überhaupt Gott ehren, aber Gott weiß es und wir tun es, einfach, weil wir gehorsam sind. Für uns mag es vielleicht gar nicht besonders aussehen. Gott gebraucht jeden Schritt unseres Lebens zu seiner Ehre, unabhängig davon, ob die Situation günstig oder ungünstig für uns aussieht oder ausgeht, er ist allmächtig. Er wird es für uns zum Besten dienen lassen und für sich. Und der springenden Punkt ist, dass diese bei-

---

[3] „Und Jesus sprach zu ihm: »Du sollst den Herrn, deinen Gott, lieben mit deinem ganzen Herzen und mit deiner ganzen Seele und mit deinem ganzen Denken«" Matthäus 22,37

den Ebenen des „zum Besten dienen" sich viel näher sind als gedacht. Denn wenn es unser Ziel ist, Gott zu ehren, bedeutet das „zum Besten", dass wir am besten dem Ziel näher kommen.

Eine Freundin von mir hatte einmal eine Nasenscheidewand- Begradigung. Das Ziel war, dass sie besser atmen können würde danach, ob sie danach besser oder schlechter aussah, stand nicht im Fokus. Natürlich waren die Ärzte bei dem Eingriff darum bemüht, die Nase möglichst nicht zu verletzten. Die Begradigung stellte einen schmerzhaften Eingriff dar. Jedoch mit einem klaren Ziel, eine Vereinfachung der Atmung durch die Nase zu erreichen. Es war keine Schönheitsoperation. Viele Christen sind enttäuscht, weil sie das, was Gott sagt, missverstehen. Wenn Gott sagt, dass uns, die wir Gott lieben, alles zum Besten dienen muss (Römer 8, 28), glauben sie, dass dies eine Schönheitsoperation unseres Lebens bedeutet. Also wenn wir einen Autounfall haben, dann darum, damit wir ein neues Auto geschenkt bekommen. Wenn wir einen Flug verpassen, dann darum, damit wir einen netteren Nebensitzer haben. Ja, vielleicht hat Gott das vor, aber vor allem, möchte er uns sich ähnlicher machen. In allem, möchte er verherrlicht werden. Römer 8,28-29:

„Wir wissen aber, daß denen, die Gott lieben, alle Dinge zum Besten dienen, denen, die nach dem Vorsatz berufen sind. Denn die er zuvor ersehen hat, die hat er auch vorherbestimmt, dem Ebenbild seines Sohnes gleichgestaltet zu werden, damit er der Erstgeborene sei unter vielen Brüdern."

Die zwei Dinge, dass uns alles zum Besten dient und die Tatsache, dass wir dazu bestimmt sind, Jesus gleichförmig zu sein sind eng miteinander verbunden. Wenn unsere Tochter in der Schule gemobbt wird, dann wird der allmächtige, fürsorgliche Vater diesen Umstand nicht umsonst geschehen lassen, sondern wird diese Situation nehmen, und die Tochter sich ähnlicher machen. Wir wissen nicht immer, wie das konkret aussieht. Vielleicht wird sie fester in Gott gegründet sein. Vielleicht wird ihr Charakter geschliffen, dass sie Gottes Herrlichkeit noch klarer ausstrahlen kann. Gott ist in Kontrolle. Das Ziel seines Handelns müssen wir klar erkennen, um nicht desillusioniert im Leben umher zu wandern. Gott schickt nicht die Probleme (oder die Kinder, die mobben). Gott nutzt aber diese Situationen. Gott ist unser Versorger, wir sollen uns um nichts Sorgen machen (Matthäus 6,26), diese Tatsache bleibt bestehen und widerspricht sich nicht mit dem Ziel Gottes, dass er uns formen, erziehen und lieben will. Es erscheint vielleicht wie ein Gegensatz, dass Gott sich einerseits um uns kümmert und andrerseits das Ziel, seine Herrlichkeit und Ehre zu maximieren nicht aus den Augen verliert. Er ist wie ein guter Coach, ein Trainer, der genau die Anforderungen seines Sports kennt. Vielleicht kennst du den Film „Cool Runnings"[4]. Er erzählt die Geschichte der ersten Jamaikanischen Bob-Mannschaft. Die Sportler haben keine Ahnung von diesem Sport. Sie kommen aus Jamaica und wollen bei den olympischen Winterspielen in Calgary in Kanada teilnehmen. Sie haben noch nie in ihrem Leben zuvor Schnee gesehen, rutschen ständig auf dem Eis aus und frieren die ganze Zeit. Kurz gesagt, sie haben wirklich keine Ahnung von dem, was sie tun. Der Trainer aber schon. Er war selbst schon einmal Olympia-Sieger in dieser Sportart. Sein komplettes Handeln ist darauf ausgerichtet, den Sieg zu erhalten. Als Coach wird Gott jedes Hindernis in unserem Leben dazu nutzen, uns zu verbessern. Er wird uns dabei anleiten, wie wir es heben und dadurch trainieren können, die richtigen Muskeln dabei zu nutzen und eine aufrechte Haltung zu bewahren. Er wird uns nicht zwangsläufig jede der Übungen ausführlich erklären. Ein Coach holt nicht immer ein Biologielexikon hervor und erklärt ausführlich, welche Muskeln, Sehnen und Knochen beansprucht werden bei jeweiliger Übung. Als sein Team vertrauen wir, dass er weiß, was er tut und dass es Sinn macht. Gleichzeitig wissen wir, dass egal, was wir von ihm bitten, er uns dabei hilft. Wir bekommen vielleicht nicht alles, was wir uns

---

[4] *Cool Runnings – Dabei sein ist alles.* Turteltaub, J. (Regie), USA, 1993.

wünschen würden, aber wir sind versorgt. Wir bekommen alles, was wir für den Sieg brauchen (2. Petrus 1,3 – wir haben es bereits!). Manche Dinge würden uns schaden und unseren Sieg erschweren oder gar verhindern. Wenn wir im Olympia Team wären, würden wir uns keine Sorgen machen, was wir während des Turniers essen, wo wir schlafen, ob wir einen Bob haben, der Trainer kümmert sich darum. Er kümmert sich darum, damit wir das Ziel erreichen können, den Lauf laufen können. Damit wir einmal mit Paulus sagen können: „Ich habe den guten Kampf gekämpft, den Lauf vollendet, den Glauben bewahrt. 8 Von nun an liegt für mich die Krone der Gerechtigkeit bereit, die mir der Herr, der gerechte Richter, an jenem Tag zuerkennen wird, nicht aber mir allein, sondern auch allen, die seine Erscheinung liebgewonnen haben." (2. Timotheus 4,7). Gott können wir vertrauen, dass uns alles dabei dienen wird, ihm die Ehre zu bringen, ihm ähnlicher zu werden. Haben wir sein Erscheinen lieb gewonnen?

Wir sollten nicht vergessen, dass Gott immer nur so viel Freiheit in unserem Leben genießt, wie wir ihm geben. Er wird uns nicht dazu zwingen, etwas zu tun, wozu wir nicht bereit sind. Er glaubt an uns und traut uns zu, ihm gehorsam zu sein. Die Entscheidung liegt bei uns. Wir kommen dem Ziel nur in dem Maße näher, in welchem wir bereit sind, gehorsam zu sein. Wenn wir begreifen, dass es nicht um uns geht in unserem Leben, gehen wir mit Schwächen anders um. Denn Schwächen müssen nicht zu Sünden führen, sondern sollen uns zur Abhängigkeit von Gott führen. Und diese reduziert Häufigkeit und Intensität der Sünden. Bezogen auf das Sportbeispiel, wenn wir Schwächen haben, ist es wichtig, dass wir sie dem Trainer sagen, er wird uns richtig positionieren, herausfordern und auch unsere Teampartner darauf einstellen. Es ist keine Schande, über seine Schwächen zu reden. Es ist vielmehr ein Zeichen von Größe, dass man seinen Stolz überwinden kann.

Wie bereits erwähnt, war ich einmal in einem Autounfall verwickelt. Auch das musste mir zum Besten dienen. Ich sah keinen Sinn darin, ich wollte meine Familie ein letztes Mal besuchen, bevor ich für ein Jahr ins Ausland reisen würde. Daran war ja wohl nichts auszusetzen?! Nein, bestimmt nicht. Aber nun hatten wir diesen Unfall und ich war im Krankenhaus. Mir sollte alles zum Besten dienen. Vielleicht würde ich Gott Ehre im Krankenhaus bringen können? Nachts wurde ich auf mein Zimmer gebracht. Ich teilte es mit einer älteren Dame. Am nächsten Tag kamen wir ins Gespräch und sie erwies sich als sehr freundlich und nett. Eine sympathische Zimmernachbarin. Ich ging am Mittag ins Bad und dort hatte ich plötzlich das Gefühl, für diese Frau beten zu wollen. Ich dachte: „Oh nein, das wird peinlich. Außerdem bin ich krank, Herr. Pause. Erholung, Regeneration, das sind Wörter, die aktuell sind. *Nicht* Dienst. Ich bin im Krankenhaus, ich hatte einen Unfall, ich bin schwach, ich habe Schmerzen, trotz starker Schmerzmittel..." Ich weiß nicht, wie, aber Gott überzeugte mich. Also setzte ich mich wieder zu ihr, wir sprachen noch eine Weile über dies und das und dann fragte ich, ob ich für sie beten dürfe. Sie bejahte. Also betete ich. Sie bedankte sich begeistert. Ich war mir sicher, sie hatte Gott gespürt. Sie meinte, sie kenne diese Art von freiem Gebet nicht. Aber es tat gut. Der Tag verging und am nächsten Tag sollte ich das Krankenhaus bereits verlassen. Am nächsten Morgen wurde ich die ganze Zeit über das Gefühl nicht los, vor meiner Abreise noch einmal für sie zu beten. Allerdings dachte ich: „Gott, einmal reicht doch." Wieder im Bad, verstärkte sich das Gefühl. Also ging ich zurück zu ihr, und fragte etwas schüchtern, ob ich noch einmal für sie beten dürfe vor dem Abschied. Kaum hatte ich die Frage formuliert, erhellten sich ihre Augen. Die ältere Dame strahlte und beschämende Worte platzen aus ihr heraus: „Ich habe mich die ganze Zeit schon gefragt, wann fragt sie mich nochmal, ob sie beten darf. Oder traut sie sich etwa nicht?!". Es hatte ehrlich gesagt nicht nur mit Mut zu tun gehabt, sondern auch mit Willen meinerseits. Die Schwäche im Krankenhaus, fast hätte sie mich in Selbstmitleid gebracht, in ein Gefühl, die Welt müsse sich zumindest für wenige Stunden um mich drehen.

Ich konnte mich entscheiden, in meiner körperlichen Schwachheit Gott zu erlauben, anderen durch mich zu dienen. Gott hatte diese Zeit im Krankenhaus mir zum Besten dienen lassen, indem ich einmal mehr, meinen Egoismus, meinen Stolz und meine Scham überwinden und einer anderen Person dienen durfte. Ein neues Auto bekamen wir übrigens nach diesem Totalschaden nicht.

Enge zur Freiheit

Wenn wir in einer schwierigen Situation sind, fühlen wir uns manchmal in die Enge getrieben, wir haben keine andere Möglichkeit, als auf Gott zu warten und zu hoffen. Wir können nichts tun, vielleicht weil wir selbst einen Fehler begangen haben, vielleicht, weil wir schlecht behandelt worden sind. Vielleicht gab es einen Unfall, einen Streit, Tratsch oder Spaltung in einem Team. In dieser Enge, wenn nichts bleibt, als nur auf Gott zu warten, werden wir verwandelt, wie der Schmetterling, der im Kokon sitzt und wartet und keine andere Möglichkeit hat, als zu warten, bis diese schwierige, enge, einschränkende, dunkle Zeit vorbei ist. Gott ist mit uns. Er weiß, was nach dieser schwierigen Zeit kommt: ein neues Level an Freiheit, nicht nur, weil es besser als im Kokon ist, sondern es wird auch besser sein, als das Leben als Raupe. Wir werden fliegen. Wunderschön, bunt, Freude für viele sein, vielleicht sogar ohne dass wir es selbst merken, einfach, weil wir ihnen über den Weg fliegen. Es bedeutet nicht, dass in dieser Zeit „nichts" passiert. Aber wir haben nicht unbedingt das Gefühl, dass wir viel tun können. Gott handelt in dieser Zeit aber auf jeden Fall an uns. Verändert uns, macht uns stark. Römer 5,3-5: „Aber nicht nur das, sondern wir rühmen uns auch in den Bedrängnissen, weil wir wissen, daß die Bedrängnis standhaftes Ausharren bewirkt, das standhafte Ausharren aber Bewährung, die Bewährung aber Hoffnung; die Hoffnung aber läßt nicht zuschanden werden; denn die Liebe Gottes ist ausgegossen in unsere Herzen durch den Heiligen Geist, der uns gegeben worden ist."

Gott liebt uns so viel mehr, als wir es uns je erdenken können. Er sagt in seinem Wort, dass er uns so sehr liebt, wie Jesus. Johannes 15,9: „Gleichwie mich der Vater liebt, so liebe ich euch; bleibt in meiner Liebe!"

Gott, Jesus und Heiliger Geist sind eins. Gott liebt Jesus so wie dich, das beinhaltet er liebt sich selbst so wie dich

Denke darüber einmal nach, das ist viel mehr, als ich begreifen kann. Der Gott, der Licht durch Worte ins Leben ruft, der der Erde Atem einhaucht und damit den Menschen zum Leben erweckt, dieser Gott liebt sich selbst genauso wie dich. Er liebt dich. Er liebt dich.

In christlichen Kreisen ist der „Liebesbrief des Vaters" ziemlich bekannt. Viele Bibelstellen sind dort zusammen gefasst, in Form eines Briefes an uns. Ich liebe diesen Brief. Er drückt Gottes Herz unvorstellbar stark aus. Ein Freund hat einmal so einen Brief persönlich verfasst. Die ersten zwei Sätze gehen so: „Liebes Kind, ich liebe dich. Und ich möchte, dass du dein Leben auf dieser Wahrheit aufbaust."

Das Bild, dass ich mein Leben auf dieser Tatsache aufbaue, dass Gott mich liebt, das ist so stark. Das ist so essentiell. Wenn ich in jeder Situation darauf baue und vertraue, dass Gott mich liebt, lebe ich nach Sprüche 3,6:

„Vertraue auf den Herrn von ganzem Herzen und verlass dich nicht auf deinen Verstand; erkenne Ihn auf allen deinen Wegen, so wird Er deine Pfade ebnen."

Ich will diesen Zustand erreichen, in dem ich weiß, dass ich weiß, dass ich weiß, dass Gott mich liebt. Das Leben ist so viel einfacher, so viel simpler, wenn ich mir dessen bewusst bin. Ich fordere uns nicht zur Leichtsinnigkeit auf, aber darauf, das Leben lockerer zu nehmen. Wir leben es für Gott. Unser Geld, unsere Gaben, unser Haus, unser Aussehen, es gehört Gott. Wenn Gott dich herausfordert deine Gaben, deine Kraft, deine Zeit, dein Geld einzusetzen, dann mach dir keine Sorgen. Es gehört doch sowieso ihm, er verschwendet nichts. Er wird gut damit umgehen. Und in unserer Schwachheit können wir weiterhin darauf bauen, dass Gott uns liebt, liebt, liebt und liebt, genauso wie sich selbst.

Vergiss nicht, wer du bist

Einer meiner Lieblingsfilme ist König der Löwen[5]. Erinnerst du dich an den Film? Ich mochte den Film schon immer. Es gibt eine sehr starke Szene, die mir immer noch Gänsehaut auf die Arme zaubert. Um die Situation besser verstehen zu können, umreiße ich noch einmal kurz den Film, was vor dieser Szene geschah. Der Löwe Mufasa ist König. Er und sein Sohn Simba sind sich sehr nahe. Dann stirbt Mufasa und der böse Onkel erzählt Simba, dass Simba daran schuld ist. Simba glaubt es und flieht. Das Land wird vom bösen Onkel regiert. Simba hat ein entspanntes Leben in der Natur weit weg von dem Land seines Vaters. Eines Tages hat Simba eine Vision. Sein Vater begegnet ihm in einer Art Traum und sagt: „Du hast mich vergessen" der Sohn bestreitet das „Nein, nein." Der Vater sagt: „Doch Simba, du hast mich vergessen, denn du hast vergessen, wer du bist." (Text frei wieder gegeben)[6] Eigentlich könnte das Buch hiermit enden. Diese Szene ist so eindrücklich und stellt in gewisser Weise auch unsere Situation mit Gott dar. Wenn wir unsere Rolle nicht einnehmen, dann tun wir so, als seien wir keine Königskinder. Wenn wir als Königskinder uns benehmen als seien wir Bettler, armselige Menschen, oder einfach nur Angestellte, dann bringen wir dem König keine Ehre. Wenn wir als Königskinder denken, wir müssten perfekt sein, tun wir so, als könnten wir es theoretisch sein. Das stimmt aber nicht. Nur Gott ist perfekt. Und er erlaubt uns, es nicht zu sein. Er weiß genau, wie oft wir versagen werden. Das ist alles bereits bezahlt am Kreuz. Erstaunlicherweise können wir Gott nicht enttäuschen. „**Enttäuschung** ist: Nichterfüllung einer Erwartung oder Hoffnung, die beim Betroffenen zu einer Stimmung der Traurigkeit, Niedergeschlagenheit und Unzufriedenheit führt. Die Abgrenzung zum Begriff der Frustration ist unklar."[7] Enttäuscht

---

[5] *The Lion King*. Allers, R. & Minkoff, R. (Regie), USA, 1994.
[6] Frei wiedergegeben, *The Lion King*. Allers, R. & Minkoff, R. (Regie), USA, 1994.
[7] http://www.enzyklo.de/Begriff/Entt%C3%A4uschung

kann man also nur von jemandem sein, gegenüber wem man Erwartungen hat. Aber da Gott ja genau weiß, was wir tun werden, erwartet er nicht, dass wir keine Fehler machen. Wir überraschen ihn mit keinem unserer Fehler. Er weiß genau, was wir tun werden. Er kennt den Preis, denn er hat doch bereits alles bezahlt. Also können wir ihn nicht enttäuschen. Vielmehr können wir durch Jesus in Freimütigkeit zu ihm an seinen Thron kommen (vgl. 1. Johannes 3,21-22).

Also lass uns unseren Platz einnehmen, zwar nicht perfekt, aber im Bewusstsein, wer wir sind, und wer hinter uns steht. Was wir glauben, wer wir sind, beeinflusst, wie wir uns verhalten und auch, wie wir mit unseren Schwächen umgehen. Wenn ich weiß, dass mein Vater Millionär *ist* und ich Ausversehen mal meine Kreditkarte überziehe, kann ich zu ihm gehen. Er wird mir helfen. Ich kann bei der Bank hin stehen, ich werde mich entschuldigen und bedanken, denn ich weiß, mein Vater hat bereits bezahlt. Er hat bereits bezahlt. Er hat bereits bezahlt. Das letzte Mal als du gelogen hast, unfreundlich zu deinem Partner, Nachbarn, oder Kollegen warst, ungeduldig oder unfair zu deinen Kindern, deinem Chef nicht die Wahrheit gesagt hast, über den Pastor getratscht hast, Gott hat es bezahlt. Ich sage nicht, dass wir deshalb leichtfertig mit Fehlern und Sünde umgehen sollen. Paulus schriebt in Römer 6,1-2: „Was wollen wir nun sagen? Sollen wir in der Sünde verharren, damit das Maß der Gnade voll werde? Das sei ferne! Wie sollten wir, die wir der Sünde gestorben sind, noch in ihr leben?" Und in Vers 15: „Wie nun? Sollen wir sündigen, weil wir nicht unter dem Gesetz, sondern unter der Gnade sind? Das sei ferne!"

Wenn wir wissen, wer Gott unser liebevoller allmächtiger Vater und Schöpfer *ist* und wir akzeptieren, wer wir in ihm sind: angenommene, befreite, erkaufte *Kinder, sein Eigentum*, dann gehen wir lockerer mit unseren Schwächen um. Wir müssen begreifen, wir gehören nicht uns selbst. Francis Chan schreibt in seinem Buch Mein

Leben als Volltreffer: „Du musst über dich selbst hinwegkommen" (eigene Übersetzung, Chan, 2013), es geht nicht um dich. „Nicht um den Segen geht es, sondern um den Herrn" (Corrie ten Boom)[8] Also wenn wir schwach sind, der Vater wird es richten. Aufstehen, entschuldigen, manchmal muss man auch Scherben aufräumen, danach umkehren – und weitergehen. Gott ist gnädig. Er ist Gott, er ist nicht wie du und ich, die wir denken „Jetzt müsste er es aber mal verstanden haben, es reicht, das macht er doch mit Absicht. Ich habe es ihm schon X mal gesagt. Jetzt ist genug." Bei Gott gibt es kein „Genug" im Sinne einem Ende der Vergebung. Er wird uns wieder und wieder vergeben. Also sollten wir keine Zeit damit verlieren, uns verdammt zu fühlen, mit schlechtem Gewissen uns gelähmt passiv zufrieden zu geben. Gott ist Gott. Wenn er sagt, es ist vollbracht dann ist es so. Wenn er sagt, es ist vergeben, dann ist es so. Dann haben wir vielleicht mit den Konsequenzen unserer Sünden zu tun, aber können freimütig vor seinen Thron treten und um Hilfe und Weisheit bitten (Jakobus 2). Ich glaube, Gott regt sich häufiger mal darüber auf, dass wir das Werk des Kreuzes halbieren. „Ja, es war schon gut, dass Jesus kam, aber ich muss meine Sünden, meine Fehler schon allein unter Kontrolle bekommen. Ich muss erst noch einmal zwei Kurse machen, fünf Gespräche mit meinem Pastor, meiner besten Freundin, meiner Mutter oder meinem Professor über meine Schwächen führen, bevor ich weitergehen kann." Nein. Gott hat uns bereits alles gegeben. Die Vergebung ist da. Hundert Prozentig. Lasst uns aufhören, Jesu Werk als ungenügend zu verschmähen. Es ist genug. Es ist vollbracht.

---

[8] Corrie ten Boom aus: http://liebevoll-wei.se/Corrie_ten_Boom_-_Zitate.pdf

Umgang mit unseren Schwächen

Wenn unsere Schwächen kein Problem sind, wie gehen wir dann richtig mit ihnen um?

Es gibt Momente im Leben, da versucht man einfach gewisse Situationen zu ignorieren, so zu tun, als gäbe es gewisse Umstände nicht. Manchmal scheinen wir zu glauben, dass wenn wir Tatsachen ignorieren, sie tatsächlich abhandenkommen. Als Kind war das schon immer eine beliebte Taktik beim Verstecken-Spielen. Während mich die andere Person suchte, schloss ich meine Augen und war sicher. Bis ich leider vor Spannung die Augen öffnete und just in dem Augenblick erkannt wurde. Nur weil ich nichts sah, ging ich davon aus, dass auch kein anderer mich sah. Ja, irgendwie scheinen wir manchmal noch genauso zu denken und zu handeln. Dann wundern wir uns, wenn wir verlieren, das Spiel oder etwas Größeres im Leben, das Vertrauen eines lieben Menschen, eine Chance oder einfach den richtigen Zeitpunkt. Es ist nicht verwunderlich. Es ist kindisch. Unsere Schwächen können uns an den Ort des Ungehorsams führen, wenn wir unsere Augen verschließen.

Unsere Schwächen bleiben unsere. Bis wir sie Gott geben. Wenn wir sie Gott nicht geben, bleiben unsere Schwächen immer ein schwacher Teil unseres Lebens. Gott wird sie sich niemals nehmen. Wie auch eingangs erwähnt bei demjenigen im Gleichnis, der das Geld vergrub, Gott vertraut uns, dass wir richtig mit unseren Schwächen umgehen. Wenn wir unsere Schwächen Gott geben, kann er etwas Wunderbares tun.

Oft bringen uns unsere Schwächen an dunkle Orte, wir schreien zu Gott, bitten um Hilfe. Wir beten, was das Zeug hält, dass Gott uns rausbringt, und er tut es, und wir vergessen, wozu, und wie wir dort überhaupt hingelangten. Immer wieder entdecke ich, dass ich nachdem eine schwierige Situation durchgestanden ist einfach weiter gehe in meinem Alltag. Ich bin aus dem Gröbsten raus, also lebe ich wieder mein einfaches Leben. Oft geschieht es nicht einmal bewusst. Manchmal ist man auch einfach nur so glücklich, dass man da raus ist, dass man an nichts anderes denkt, als endlich den Alltag wieder genießen zu können. Statt die Situation Gott hinzulegen, bete ich oft nur, dass die Situation schnell endet, Gottes Willen im Ganzen habe ich nicht im Blick, einfach nur schnell raus hier. Aber uns muss, wie gesagt, alles zum Besten dienen. Deshalb möchte ich in Zukunft so beten: Gott bitte lass mich so schnell wie möglich das lernen, was ich hier lernen kann und dann lass mich hier raus...und wenn es nicht schnell geht, so schenke mir Geduld und Kraft. Gott ist für uns, er will uns nichts reindrücken. Er weiß, in welcher Situation wir uns befinden. Er weiß auch, vor was wir fliehen wollten. Er weiß, vor was wir vielleicht Angst haben und er weiß, wie groß die Gefahr wirklich ist. Sie ist kleiner als er.

Wahrscheinlich hat sie jeder Mal, diese Momente, in denen man denkt, „nicht schon wieder...". Manchmal scheinen gewisse Situationen gewisse Leute geradezu zu verfolgen. Ohne eigenes Hinzutun ist man plötzlich in derselben Situation. Hatte man gerade erst die Abteilung gewechselt, wegen komischen Intrigen, scheint es in der neuen Arbeitsstelle genauso zuzugehen. Oder man hat Probleme mit den Nachbarn, und dann ziehen sie um, doch auch die neuen, scheinen uns Schwierigkeiten zu machen. Eine Freundin von mir sagt in solch wiederkehrenden Situationen immer „Na das ist wieder typisch, dass das mir passiert." Vielleicht ist es dir noch nie so ergangen, oder noch nie aufgefallen. Ich hatte leider schon solche Situationen. In meiner Schule hatte ich eine Freundin, Daniela[9] wir verstanden uns gut. Dann kam es zu einem Punkt, in dem sie begann nur dann nett zu mir zu sein, wenn sie etwas brauchte. Ansonsten

---

[9] Geänderter Name

ignorierte sie mich. Sie versuchte sooft wie möglich von mir zu profitieren. Wann immer es für sie von Vorteil war, war sie nett zu mir. In der Gruppe dann aber, war sie eine Einzelgängerin und hakte eher auf mir herum. Sie hielt sich an keine moralischen Grenzen, machte gemeine Witze über mich und brach das Vertrauen und damit auch die Freundschaft. Auf meine Kosten versuchte sie sich besonders gut darzustellen. Oft behandelte sie mich als sei ich dumm und gab verwunderte Kommentare von sich, wenn ich „tatsächlich mal" gute Noten hatte. Am Ende hatten wir denselben Notendurchschnitt, was sie überhaupt nicht verstand und auch das tat sie der Gruppe kund. Als ihr komisches Verhalten begann, verstand ich die Welt nicht mehr. Ich ging auf Abstand und betete für die Situation, die mich verletzte.

Nach dem Abitur lernte ich an meiner Universität ein paar tolle Leute kennen. Wir lernten gemeinsam und hatten jede Menge Spaß. Bis es los ging. Anna[10] begann genau dasselbe zu tun wie Daniela zuvor. In der Gruppe beachtete sie mich nicht, warf meine Sachen vom Tisch und sprach negativ über mich. Aber immer schön lächelnd und sie rief mich auch noch an und bot mir sogar ihre Hilfe an, da sie dachte, ich würde gewisse Aufgaben nicht alleine schaffen, da ich ja schlechter sei als sie. Ich dachte, ich hätte Daniela wieder getroffen. Dieselbe Art von Person – ziehe ich diese Menschen an? Ich begann wieder zu beten. Es belastete mich, denn ich hatte das Gefühl dadurch auch die Freundschaft unserer ganzen Clique zu verlieren. Wieder betete ich und klagte Gott mein Leid. Erst Monate später war mir, als sagte Gott mir: „Du kannst das Problem wieder weg beten, oder lernen, wie du mit diesen Situationen umgehst und daran wachsen und reifen."

---

[10] Geänderter Name

Ich muss gestehen, ich wollte es einfach nur weghaben und ich befürchte, ich hatte mich am Ende der Situation nicht angemessen verhalten. Es war eine Lektion für mich. „Gott, ich will lernen, was du mir zeigst." Beide Male waren die Mädels an meine Schwäche *des Grenzen setzen* geraten. Diese nutzten sie aus. Bewusst oder unbewusst. Ich ließ es geschehen, besonders als ich mir dessen noch nicht bewusst war. Es gibt Hindernisse in unserem Leben, die werden durch unser Gebet (und Gottes Eingreifen) „weggeräumt". Aber es gibt auch Mauern in unserem Leben, die gehen nicht weg, sie kommen immer wieder. Wir können nicht außen rum gehen, wir müssen sie *überspringen.* Psalm 18,30: „denn mit dir kann ich gegen Kriegsvolk anrennen, und mit meinem Gott über die Mauer springen" Das beutet doch, dass das Kriegsvolk oder die Mauer, dass sie tatsächlich existieren in unserem Leben. Wenn wir Gott bitten, an unserem Charakter zu arbeiten, dann wird es sehr wahrscheinlich Mauern geben in unserem Leben, die nicht sofort verschwinden. Wir werden uns an ihnen reiben, wir werden geschliffen und das alles dient uns zum Besten, *ihm ähnlicher zu werden.*

Man könnte sagen, es ist wie in der Fahrschule. Der Fahrlehrer wird nicht alle Hindernisse wegräumen. Er wird auch nicht die anderen Fahrer vom Straßenverkehr verbannen, er lässt die anderen völlig in Ruhe, selbst wenn jemand einen seltsamen Fahrstil hat. Denn sonst würde er in deren Freiheit eingreifen. Er bringt uns bei, in den jeweiligen Situationen richtig zu reagieren. Das sollte auch unser Fokus sein, sich in dieser Hinsicht auf uns zu konzentrieren, statt auf das Problem.

Ich möchte schneller lernen, was ich hier lernen kann und dann weiter gehen und nicht Runde um Runde im Kreis herum gehen. Ich meine es ernst, Gott. Arbeite an mir und gib mir die Kraft das zu überstehen.

Gottes Ziel ist immer noch Beziehung, egal bei was. Er gibt uns Aufgaben, die entweder andere unterstützen Gott besser zu erkennen und schlussendlich zu einer Beziehung mit ihm führen können. Oder die andere Art von Aufgaben, sind diejenigen, die *uns* helfen sollen, in der Beziehung zu Gott zu wachsen und ihn besser kennenzulernen. Und ich glaube meistens, vereint er diese beiden Faktoren, sodass wir anderen helfen und dabei selbst am meisten lernen. Wie bereits gesagt, dies geschieht v.a. wenn wir wissen, wer Gott ist, wissen wir auch wer wir sind (vgl. König der Löwen Beispiel). Im Neuen Testament spricht Paulus in 1. Korinther 13,2 davon, dass kein Dienst, keine Gabe an den Wert der Liebe hinkommt. „...aber keine Liebe hätte, so wäre ich nichts". Was wir auch tun, ohne Liebe, ist wertlos. Und alles ohne Glauben ist Sünde. Wenn wir schon den Preis zahlen, dafür Gottes Willen zu tun, dann sollten wir bereit sein, Gott an unser Herz zu lassen. Dadurch sammeln wir uns nicht nur Schätze im Himmel, vor allem aber ehren wir Gott unseren allmächtigen Vater und Schöpfer.

Zusammenfassend lassen sich aus dem Kapitel folgende Schlussfolgerungen ziehen:

-   Wenn wir fliehen, kann Gott uns nicht weiterbringen. Wir laufen in Kreisen durch die gleichen Gefühlszustände.

-   Wenn wir Gott vorgeben wollen, wie er zu handeln hat, verpassen wir Zeugnisse seiner Gnade und Größe.

-   Gott möchte Beziehung, er möchte, dass wir das fühlen, was er fühlt. Wenn wir es nicht tun, möchte er uns helfen. Dies geschieht in einem Gespräch. Gottes Fragen sowie seine Antworten sollen uns helfen, das Gottesbild, das wir haben, zu korrigieren.

-   Sauberer Umgang mit Schwächen kann Gott als eine weiße Leinwand nutzen, auf der er seine Herrlichkeit projizieren kann.

Frage doch Gott einmal konkret, ob es gerade in deinem Leben eine Situation gibt, von der du fliehst. Oder ob es eine Schwäche gibt, vor der du deine Augen verschließt. Vielleicht gerätst du auch immer wieder in die gleiche Situation, frage Gott, was du daraus lernen kannst. Vielleicht reagierst du immer unsensibel, wenn dir jemand Hilfe anbietet. Oder wenn dich jemand um Hilfe fragt. Vielleicht bist du nicht ehrlich, wenn dich jemand um deine Meinung bittet. Vielleicht sprichst du hinter dem Rücken anderer schlecht über sie. Er verurteilt dich nicht, er will dir zeigen, wie er ist. Je besser wir ihn erkennen, desto ähnlicher werden wir ihm und das bedeutet, dass wir unsere schlechten Charaktereigenschaften loslassen.

Wie ein Adler

Adler sind mächtige Greifvögel, die eine Spannweite von über zwei Metern erlangen[11]. Das ist unglaublich groß. Das ist weit mehr als die durchschnittliche Körpergröße eines Menschen. Verrückt. Adler sind groß. In Europa bilden sie ihre Nester meist an unerreichbaren Felssimsen. Sie haben laut Lehrbuch[12] nur den Menschen als natürlichen Feind. Sie scheinen also unantastbar. Und dennoch nicht unabhängig. Sie lassen sich vom Wind tragen.

„Die auf den Herrn harren, kriegen neue Kraft, dass sie auffahren mit Flügeln wie Adler, dass sie laufen und nicht matt werden, dass sie wandeln und nicht müde werden." Jesaja 40,31

Wie kann das sein, laufen ohne matt zu werden? Jeder braucht eine Pause, jeder braucht Erholung, warum wandeln ohne matt zu werden? Und was hat der Adler damit zu tun, er läuft ja wohl eher selten. Das Beeindruckende an Adlern ist, wie sie die Windkraft nutzen. Das ist wohl auch mit „Hochfahren" gemeint. Da ist der Adler absolut abhängig. Er kann nicht bei Windstille „hochfahren". Es ist nur möglich, wenn der Wind des Herrn uns trägt, wir unsere Flügel ausbreiten und uns tragen lassen. In Matthäus 18,3 spricht Jesus: „Wahrlich, ich sage euch: Wenn ihr nicht umkehrt und werdet wie die Kinder, so werdet ihr nicht in das Reich der Himmel kommen!" Kinder sind so wie Adler. Sie freuen sich, sie gehen mit dem „Wind". Sie springen auf die Welle, sie sagen nicht ab, sie nehmen alles mit, was sie können. Sie sind nie zu müde für ein Abenteuer. Ich habe noch nie ein Kind sagen hören: „Vielleicht verschieben wir das lieber

---

[11], [12] Bauer, H. G., Bezzel, E., & Fiedler, W. (2005). *Kompendium der Vögel Mitteleuropas*. Wiesbaden: Aula-Verlag.

auf ein anderes Mal. Mir ist es genug jetzt". Aber warum sind sie so? Sie sind scheinbar psychisch ziemlich fit. Sie halten es aus, viele verschiedene Dinge an einem Tag zu tun. Wenn nicht, dann werden sie knatschig oder nörgeln, aber meist gibt es jemanden, der sie wieder begeistern kann und sie springen wieder auf die Welle. Oder lassen sich von der Windböe tragen. Ich wünsche mir solche Zeiten, in denen es einfach läuft, alles gelingt, ich aufsteige ohne großen Aufwand... Doch halt mal. Die Adler spannen ihre Flügel auf, sie konzentrieren sich auf das, was sie zu tun haben. Sie achten darauf, dass sie im richtigen Winkel liegen, umso den perfekten Flug zu meistern, sich am weitesten, am höchsten oder einfach nur dort hin führen zu lassen, wohin sie gehören. Ich glaube, das Bild passt wirklich gut zu uns. Wir müssen darauf achten, dass wir den richtigen Blick, den richtigen Winkel in unserem Leben haben. Was ist unser Ziel? Wenn es unser Ziel ist, Jesus und Gott zu verherrlichen, dann ist es unerreichbar. Es ist und bleibt unerreichbar, wenn wir es alleine versuchen. Aber wenn wir mit dem Wind gehen, dann klappt es. Adler sind starke Tiere, große, mächtige Tiere. Sie verschwenden ihre Kraft nicht damit, sich mit extremen Flattern aufzuhalten. Sie wissen auch, dass sie kein Kolibri sind, der auf der Stelle fliegen (beinahe „stehen") kann. Wir müssen wissen, wer wir sind. Darauf kommt es immer wieder zurück, um in der Lage zu sein, richtig mit unseren Schwächen umgehen zu können. Gott liebt uns, er hat genug Kraft. Er gibt uns genug Wind, er weiß, wohin wir gehören. Wir müssen uns auf unsere Einstellung, unseren Fokus, unseren Winkel konzentrieren. Gott hat auch genug Zeit. Er ist Schöpfer. Wir sind der Ton in seinen Händen, er nimmt sich Zeit, um uns zu formen. Er ist nicht in Eile. Wir sind oft ungeduldig, vor allem mit uns selbst. Aber Gott hat Zeit, er geht auch nochmal die gleiche Situation mit uns durch, wenn wir es brauchen. Wonach sehnen wir uns? Was möchten wir erreichen? Was ist unser Ziel? Der Adler kann Beutetiere jagen, die bis zu fünf Kilogramm Körperwicht erlangen[13]. Das ist sein

---

[13]Bauer, H. G., Bezzel, E., & Fiedler, W. (2005). *Kompendium der Vögel Mitteleuropas.* Wiesbaden: Aula-Verlag.

eigenes Körpergewicht. Das ist wirklich unfassbar für mich. Gott hat so viel mehr für uns. Er hat Dinge, die scheinen uns viel zu groß. Wie zum Beispiel bei Gideon.

Gott kommt auf die Bühne. Er will es immer tun. Manchmal lassen wir ihn nur, wenn wir nicht anders können. Manchmal merken wir es nur dann. Aber eigentlich ist er immer da. Ich weiß nicht, ob in den Bergen, oder in den anderen Gegenden (an Seen, oder in hohen Wäldern) jemals absolute Windstille herrscht. Aber ich habe noch nie einen Adler so fliegen sehen, wie ein Rebhuhn oder eine Taube auf der Einkaufsstraße. Wir sollten unabhängig von unseren Umständen uns dessen bewusst sein, dass Gott immer noch Gott ist. Dann können wir in seinem Wind bewegen und aus seiner Kraft heraus leben. Psalm 46,11-12: „»Seid still und erkennt, daß ich Gott bin; ich werde erhaben sein unter den Völkern, ich werde erhaben sein auf der Erde!« Der Herr der Heerscharen ist mit uns, der Gott Jakobs ist unsere sichere Burg!"

Wie eine Katze

Eine erstaunliche Sache an Katzen ist, dass sie immer auf ihren vier Beinen landen. Egal von welcher Höhe, egal von welcher Lage oder Position, es gelingt ihnen stets sicher auf ihren vier Pfoten zu landen. Dabei machen sie meist noch eine sehr gute Figur.

Sie setzen eine herausragende Technik ein, die ihnen ermöglicht in Sekundenschnelle sich in der Luft umzudrehen. Dabei ziehen sie einmal ihre Vorderpfoten an, während sie die Hinterpfoten ausstrecken und dann andersrum. Eine wirklich bemerkenswerte Technik, die man Stellreflex nennt. Das ist etwas, das Katzen von allen anderen Haustieren unterscheidet[14]. Egal wie sehr ich Hunde mag oder Hasen, diese Eigenschaft ist bemerkenswert. Man sieht sie allerdings nur im Fall. Unser Alleinstellungsmerkmal als Christ ist nicht, dass wir an etwas glauben. Die meisten Menschen auf der Welt glauben an irgendetwas. Zur Not an sich selbst. Keine Rituale, keine Gebäude, keine religiöse Tradition, nichts kann unser Alleinstellungsmerkmal sein, als dass wir auf Gottes Gnade vertrauen. In allen anderen Religionen geht es darum, sich selbst zu verbessern, um entweder Gott zu gefallen, oder sich selbst, etwas mehr „Heiligkeit", Reinheit oder ein besseres Karma zu erlangen. Bei uns Christen geht es um Gnade. Die Gnade Gottes zeigt sich am offensichtlichsten in unserem Fall. Es gibt Situationen in unserem Leben, da kommt unser Alleinstellungsmerkmal als Christ zum Vorschein, während wir gerade fallen. Und während wir denken „Oh nein", staunt die Welt um uns herum, wie gelassen wir fallen. Wir selbst merken es vielleicht gar nicht. Vor allem, wenn man schon lange Christ ist. Dann kann es passieren, dass wir gar nicht mehr wissen, wie hoffnungslos Menschen sind, die ohne Gott leben. Vor allem, wie hoffnungslos sie sind, wenn sie fallen. Sie sind wirklich ohne Hoffnung. Wenn wir

---

[14] Macdonald, D. (2004). *Die große Enzyklopädie der Säugetiere*. Deutsche Ausgabe: Könemann in der Tandem Verlag GmbH.

das vergessen, vergessen wir, welchen Schatz wir haben, welche Hoffnung unsere Grundlage bildet. Ich möchte das an zwei Beispielen aus meinem Leben verdeutlichen.

In meinem Studium war eine der am meisten gefürchtetsten Prüfungen die Statistik II Prüfung. Wir lernten wie die Verrückten auf diese Prüfung, allein und auch in Lerngruppen. Teilweiße waren wir danach noch verwirrter, teilweiße half es tatsächlich, zu wissen, dass die anderen dieselben Dinge nicht verstanden, die ich auch nicht verstand. Der Stoff war komplex. Die Durchfallquote war die letzten Jahre enorm hoch. Gespannt gingen wir in die Prüfung. Sie war schwer. Tagelange warteten wir auf das Ergebnis. Wir würden unsere Note online einsehen können. Ich erinnere mich noch genau, an einem Dienstagmorgen wollte ich gerade im Internet nachsehen, ob die Note schon da war und plötzlich hatte ich das Gefühl, ich hätte die Prüfung nicht bestanden. Ich betete und gab Gott die Sache wirklich hin. Ich sah nach, und tatsächlich, ich hatte nicht bestanden. Erstaunlicherweise belastete es mich nicht. Es war eher, dass ich keine Lust hatte, den Stoff noch einmal zu lernen (wie gesagt, vom verstehen war ja nicht die Rede). In zwei Semestern erst würde ich die Prüfung wiederholen können. Ärgerlich, bis dahin würde ich das meiste, was ich gelernt hatte, wieder vergessen haben. Naja. Ich betete, packte meine Sache und ging zur Universität. Vor dem Hörsaal sah ich meine Freundinnen, sie standen am Ende des langen Korridors. Sie sprachen wild durcheinander, lachten und schienen sich sehr zu freuen. Als ich sie erreichte, hörte ich sie über die Statistik-Prüfung reden. Sie erzählten alle durcheinander, dass sie bestanden hätten, lachten, umarmten sich, feierten. Ich lachte, feierte mit, freute mich. Dann gingen wir in den Hörsaal. Eine Freundin von mir fragte fröhlich: „Welche Note hast du eigentlich?" Ich sagte, ich hätte nicht bestanden. Sie wurde ernst. „Du machst Witze" Nein. „Du bist gerade strahlend den Korridor entlang gelaufen, deshalb habe ich dich gar nicht gefragt, ob du bestanden hast. Du machst Witze" Nein. „Nancy, du musst nicht nochmal schreiben. Du hast bestanden, stimmt's?" Die anderen hörten, dass ich nicht bestanden hatte. Es wurde still. Sie starrten mich an. Ihre Noten waren nicht gut, aber sie waren alle glücklich, bestanden zu haben. Da ich scheinbar so gut gelaunt war, waren sie sicher, ich hätte eine gute Note erhalten, dass ich nicht bestanden hatte, schien für sie keine Möglichkeit gewesen zu sein. Es schien ihnen fast mehr leid zu tun als mir selbst. Es war nichts, das ich produzieren konnte. Nichts, das ich hätte produzieren wollen, denn es ärgerte mich natürlich, dass ich noch einmal lernen und noch einmal schreiben musste. Es war eine Situation, in der ich trotz Fall sicher gelandet bin, in Gottes Frieden. Ja, vielleicht muss ich wie die Katze, den Weg noch einmal nach oben gehen. Aber ich bin sicher gelandet. Es ist nichts passiert mit meinem Herzen. Es sollte unser Ziel sein, es als Reflex zu tun, sich an Gott zu wenden, wie die Katze, die sich immer sofort umdreht und in die richtige „Landeposition" bringt. Wir müssen es üben, zu Beginn ist es eine bewusste Entscheidung. Wir üben, bis wir es verinnerlichen. Aber dann sehen wir es in gewissen Situationen, in denen kommt es einfach hervor. Wir können es nicht beeinflussen oder steuern. Wir können kein echtes Lächeln produzieren, kein echtes Mitfreuen für andere, wenn wir innerlich bitter sind und auf uns selbst fixiert und nur auf uns selbst vertrauen. Selbst wenn es unsere eigenen Fehler sind, die uns zu Fall bringen, müssen wir lernen, großzügig zu sein, uns selbst zu vergeben und uns so schnell wie möglich zu Gott zu „drehen" um sicher zu landen. So können wir unser Herz vor Verletzungen bewahren. Übrigens, ein Jahr später musste ich alleine auf diese Prüfung lernen, was sehr anstrengend war. In der Prüfung selbst übersah ich drei von acht Seiten (was mir noch nie in meinem Leben passiert war – und auch danach nie wieder), in den letzten drei Minuten sagte die Aufsichtsperson, jetzt nun langsam zum Ende kommen. Ich blätterte meine Seiten durch und bemerkte, mir fehlten die drei Seiten und damit sieben Teilaufgaben. Bei zwei oder drei schrieb ich noch schnell etwas hin, rechnete die Aufgaben. Am Ende bekam ich eine gute Note. Wahnsinn, ein echtes Wunder. Ich verstand nicht, wie Gott das vollbrachte. Meine Freundinnen scherzten seitdem, dass ich bei Prüfungen stets drei Seiten übersehen sollte, um eine gute Note zu erreichen. Mein Versagen hatte Gott eine Plattform geliefert, mich übernatürlich zu segnen.

Ein weiteres Erlebnis, das zu diesem Thema passt zeigt, wie unser Fall uns nicht davon abhalten soll, Gott zu preisen. Während meiner Bibelschulzeit in England war ein Freund DJ und kurz davor seine erste CD rauszubringen. Dann wurde ihm sein Laptop aus der Gemeinde geklaut. Leider hatte er keine Sicherheitskopien erstellt gehabt, womit also durch den Diebstahl nicht nur sein Laptop abhanden gekommen war, sondern mit ihm auch die Arbeit der letzten fünf Jahre. Er hatte Tränen in den Augen, war wütend im ersten Moment. Er musste bei der Polizei aussagen und einiges an Bürokratie erledigen. Am selben Abend spielte er im Jugendgottesdienst im Lobpreis. Ich glaube, es war echter Lobpreis, aber für ihn war es auch seine Einstellung, treu zu sein. Er spielte an dem Abend, weil er sich verpflichtet hatte, zu spielen. Danach gingen wir zusammen heim, wir hatten den gleichen Weg. Es waren etwa vier Stunden vergangen seit dem Diebstahl. Den ganzen Weg über sangen wir gemeinsam Lobpreislieder. Der wahre Lobpreis an diesem Abend geschah als er sich bewusst entschloss, Gott zu verherrlichen. Und das unabhängig von den Umständen. Leider gab es bei ihm kein Happy End. Zumindest weiß ich von keinem. Er hatte die Arbeit von fünf Jahren verloren, seinen Laptop bekam er nicht wieder zurück.

Es gibt Momente, da fallen wir und wir erwarten, dass Gott uns sofort zurückbezahlt, was wir erleiden oder missen. Ich glaube, Gott ist größer. Gott möchte Beziehung. Wahrscheinlich verstehen wir meistens nicht, warum etwas geschieht. Wir wissen nicht, warum ein Unglück, ein Verlust oder eine Panne gerade uns passiert. Oder wir wissen nicht, warum Gott nicht verhindert, dass wir einen Fehler begehen. Doch egal von welcher Perspektive wir darauf schauen, eins bleibt klar: Gott ist Gott. Er ist gut und verändert sich nicht. Wir können immer noch auf allen vier Pfoten landen. Ob wir dabei etwas verlieren, das wir nicht wieder zurück erstattet bekommen auf Erden, oder ob wir auch schon hier sichtbar als Sieger aus einer Situation hervorgehen – unabhängig davon, können wir uns entscheiden, sicher in seinen Frieden zu fallen. Es sollte ein Reflex werden in uns.

Ich bin kein großer Fan von Katzen, aber sie bringen mich immer wieder zum Staunen – oder zum Lachen. Besonders, wenn sie auf einen Baum klettern und dann nicht mehr hinunter kommen. Wie passiert das denn? Sie wissen doch, dass es fast egal ist, von welcher Höhe oder Lage sie fallen, sie immer auf ihre vier Pfoten fallen. Sie haben weiche Gelenke, Muskeln und eine gute Wirbelsäule, die abfedert.[15] Natürlich können sie sich dennoch verletzen, aber das geschieht nicht so häufig, wie bei anderen Vierbeinern. Tiere planen nicht. Wäre ich eine Katze, würde ich wahrscheinlich nie irgendwo hoch klettern, aus Angst, ich könnte dann oben schreckliche Angst bekommen und nicht wieder hinunter kommen. Die wahre Angst des Menschen ist, nicht die vom Versagen, sondern die, sein Bestes zu geben und erfolgreich dabei zu sein:

Unsere tiefste Angst ist nicht, daß wir unzulänglich sind. Unsere tiefste Angst ist, daß wir grenzenlos machtvoll sind. Es ist unser Licht, nicht unsere Dunkelheit, das uns erschreckt (Marianna Williamson)[16]

Doch Gott wollte nicht, dass wir Angst haben vor unserem Versagen aber auch nicht vor unserem Erfolg. Wir sollten keine Angst haben vor Höhe. Gott ist mit uns, wenn wir fallen. In Richter 6,12 wird zu Gideon gesagt: „Der Herr ist mit dir, du tapferer Held". Josua 1,9: „Habe ich dir nicht geboten, dass du stark und mutig sein sollst? Sei unerschrocken und sei nicht verzagt; denn der Herr, dein

---

[15] Macdonald, D. (2004). *Die große Enzyklopädie der Säugetiere.* Deutsche Ausgabe: Könemann in der Tandem Verlag GmbH.
[16] Williamson (http://marianne.com/)

Gott ist mit dir überall, wo du hingehst." Viele Christen nehmen das als Anlass, einfach loszugehen und Gott nicht nach dem Weg zu fragen. Ich glaube, diese Bibelstellen sollen kein Freibrief sein, gedankenlos sein Ding zu machen und Gott auszuklammern, nach dem Motto „Gott wird schon mitgehen." Im Kontext hatte Gott zuvor jeweils gesprochen und die jeweiligen Helden wussten, was ihre Aufgabe war. Dennoch verstehe ich die Aussagen so, dass Gott über unserem Versagen steht. Er kann uns in jeder Situation begegnen. Er wird uns nicht immer sofort aus ihr herauskatapultieren, wie wir es uns manchmal wünschen. Aber er steht sie mit uns durch, selbst, wenn es unser eigener Fehler war.

David, der unglaublich große Mann im Reich Israels war erstaunlich gut darin, immer und immer auf Gott zurück zu kommen. In Zeiten des Erfolges und in Zeiten der Niederlage. Auch wenn er mit manchen Konsequenzen seiner Fehler leben musste. Wie zum Beispiel in 2. Samuel 12,13-24: David hatte gesündigt und Ehebruch begangen, dann den Ehemann der Frau umbringen lassen. Die Frau war aber schwanger geworden von David. Gott lies zu, dass das Kind krank wurde. In dieser Zeit fastete David und bat Gott um Hilfe und Heilung für das Kind, sieben Tage lang lag David auf der Erde. Dann starb das Kind. Davids Reaktion ist unglaublich (Vers 20): „Da erhob sich David von der Erde, wusch und salbte sich und zog andere Kleider an und ging in das Haus des Herrn und betete an. Und er kam in sein Haus und verlangte, dass man ihm Brot vorsetzte, und er aß." David hatte einen Fehler begangen, er war gefallen, er hatte Vergebung für seine Sünden erhalten (Vers 13) aber die Last der Konsequenz seines Fehlers wurde ihm nicht genommen: Das Kind starb. Denk einen Moment nach, was würdest du tun? Davids Reaktion: er steht auf, isst und geht in Gottes Gegenwart, um ihn zu preisen! Wow, was ist denn das?! Meine Reaktion wäre: wilde Anrufe zu Ärzten, wenn alle bestätigen, dass das Kind tot sei, Anrufe zu Familie und Freunden, ich erkläre ihnen meine schreckliche Lage. Wahrscheinlich erzähle ich die Geschichte nicht von Beginn an, sondern lasse den Teil, der meinen Fehler beinhaltet aus. Ich habe wechselhafte Gefühle, zwischen Selbstmitleid und Selbstverdammnis, zwischen:„ich verliere einen Sohn", „ich bin selber schuld". Ich würde jemanden umarmen wollen, getröstet werden wollen. Denn egal ob selbstverschuldet oder nicht, ein Kind zu verlieren muss hart sein. Aber was tut David? Er preist Gott. Erst als seine Knechte ihn fragen, warum er sich so verhält, antwortet David: „Als das Kind noch lebte, da habe ich gefastet und geweint, weil ich dachte: Wer weiß, ob der Herr mir nicht gnädig sein wird, sodass das Kind am Leben bleibt? Nun aber, da es tot ist, was soll ich fasten? Kann ich es wieder zurückholen? Ich werde wohl zu ihm gehen, es wird aber nicht wieder zu mir zurückkehren" (Verse 22 und 23). Viele von uns sind gefangen in der Rückwärts-Falle. Wir schauen zurück und wir sehen ja ganz klar, dass unsere Fehler echte Fehler sind. Vielleicht nicht so schlimm wie David, vielleicht denkst du, sie sind noch viel schlimmer. Doch unabhängig davon, sie können dich stärker beeinflussen, als du denkst. Es ist unsere Entscheidung, richtig mit ihnen umzugehen. David entscheidet sich, dass die Vergangenheit vergangen ist, dass er Dinge, die er nicht ändern kann, nicht anstarren wird. Er entscheidet sich, Gott zu preisen! Er sagt, als das Kind noch lebte, da fastete er und weinte er. Da das Kind nun tot sei, was soll er jetzt noch fasten, da er das Kind nicht zurück bringen kann. Vom Weinen spricht er nicht mehr. Ich glaube, der Lobpreis, den David in Gottes Haus damals brachte, war getränkt von Tränen. Ich glaube David hatte keinen Freudenschrei von sich gegeben. Er sagte nur, das Fasten hätte jetzt keinen Sinn. Vom Weinen keine Rede. Ich bin mir sicher, er hat sich vor Gott ausgeweint. Das sollten wir auch tun, noch bevor wir zu irgendjemanden anderen gehen. Ehrlich gesagt fällt uns das doch oft schwer. Ist es nicht leichter, jemanden anzurufen, oder eine Nachricht zu schreiben als in die Stille zu gehen und Gott sein Leid klagen? Ist es nicht einfacher, sofort mitleidige Blicke zu bekommen, mehr oder weniger tröstende Worte auf jeden Fall aber menschliche Aufmerksamkeit zu bekommen als auf Gottes Frieden zu warten? Es ist billig und sättigt uns nicht, wenn wir sofort oder nur Menschen unser Leid klagen statt zuerst zu Gott zu gehen. Es ist wie Fast Food, es bringt kurzweilige Befriedigung und Aufmerksamkeit nicht aber echten Trost. Wir können uns nicht von Fast Food ernähren. Wir brauchen eine Begegnung mit Gott, die nährt, die vielleicht „aufwendiger" erscheint, die Zeit kostet, die Ehrlichkeit kostet. Aber wir brauchen sie. Gott nährt uns. Ich glaube auch nur dann sind wir in der Lage, andere zu trösten – trotz unserer schwierigen Situation. In Vers 24, direkt nach Davids Erklärung, warum er nun nicht mehr fastet: Und David tröstete seine Frau… Er hatte gerade ihren gemeinsamen Sohn verloren. Er geht in das Haus des Herrn, preist Gott, isst und geht gestärkt zu der Person, die Trost braucht: seine Frau.

Er geht zuerst in das Haus des Herrn. Preist Gott dort, dann isst er, dann geht er und tröstet. Er kann nur geben, was er zuvor bekommen hatte. Ich bin sicher in Gottes Gegenwart hatte er Gottes Frieden und Trost bekommen. Nur deshalb war er in der Lage seine Frau zu trösten, die ihm doch noch viel mehr Vorwürfe machen könnte. Sie hatte nicht nur ihren Sohn verloren, wenige Monate zuvor hatte sie auch ihren Mann verloren, den David hatte umbringen lassen. In welch verrückter Situation sich David nun plötzlich befindet. Er ist und bleibt mutig genug, Gottes Gegenwart aufzusuchen, weil er weiß, dass er Vergebung erhalten hat (Vers 13). Wir sind frei von Sünde. Uns ist vergeben worden. Es ist schwarz auf weiß: Es ist vollbracht. Und dennoch gehen wir oft verkehrt herum an die Sache, suchen Trost erst bei Freunden, lassen unseren Frust bei der Familie raus, statt zuerst Gottes Gegenwart zu suchen. Seinen Frieden, seine Kraft. Wenn wir abgelenkt sind, vom richtigen Weg, können wir ihn nicht gehen. Wenn wir das Ziel, Gott groß zu machen, in unserem Leben aus den Augen verlieren, gehen wir den falschen Weg. Dann biegen wir eventuell bei Abenteuer ab, oder wir bleiben an der Kreuzung zur Bequemlichkeit stehen, unsicher, ob wir überhaupt noch weitergehen sollen. Wenn wir aber unseren Fokus auf Gott gerichtet haben, dann überwinden wir.

Wenn ich auf Gott schaue, egal was passiert, überwinde ich

- meine eigene Schwächen

- mein eigenes Versagen

- meine eigenen Fehler

- mein schlechtes Gewissen

- meine Angst

- meine Vergangenheit

Nach dem Ehebruch Davids und dem veranlassten Mord an dem hintergangenen Ehemann, schickt Gott Nathan zu David. Nathan richtet aus, dass David mit Konsequenzen rechnen muss (2. Samuel 12, 10-12). Das Schwert soll nicht mehr von Davids Haus weichen und Unglück wird auf Davids Haus kommen, auch bezüglich seiner eigenen Frauen wird Schande über ihn gebracht werden. Aber dennoch schenkt Gott David mit derselben Frau den Sohn Salomo. „Und der Herr liebte ihn." (2. Samuel 12,24) Gott ist gnädiger als wir es jemals sein könnten. Mal ehrlich, wahrscheinlich hätten wir an Gottes Stelle David nicht nur den Sohn „genommen" sondern auch noch sofort die Frau. Gott ist anders, er ist Gott. Er ist gnädig und viel großzügiger als wir es jemals sein können. Er ist großzügig im Lieben, Geben, Vergeben, Beschenken. Er gedenkt unserer Sünden nicht („…denn ich werde ihre Missetat vergeben und an ihre Sünde nicht mehr gedenken! (Jeremia 31,34). Gott ist immer noch Gott. Was vorbei ist, ist vorbei. Einer meiner Jugendleiter predigte einmal über David und bemerkte etwas Wunderbares: „David beging keinen Fehler zweimal." Davids Fehler scheinen groß zu sein, wahrscheinlich haben wir noch nie veranlasst, jemanden umzubringen. Doch wenn wir, wie David, nach jedem unserer Fehler so bußbereit wären wie er, umkehren würden wie er, voller Vertrauen zurück zu Gott gehen würden, klagen würden, preisen würden (siehe z.B. Psalmen), ich glaube, unsere heutige Gemeinden würden anders sehen. Die Christen wären stärker, relevanter, ehrlicher, und „erfolgreicher" im Sinne Gottes.

Was ist Erfolg? Überlege einige Sekunden, was bedeutet Erfolg für dich?

Auf dem Weg zum Erfolg, welche Rolle spielen da deine Schwächen? Hast du Angst vor ihnen? Hindern sie dich? „Von Fehlern lernt man mehr als vom Erfolg" (unbekannter Autor). Welche Fehler hast du in deiner Vergangenheit gemacht, von denen du gelernt hast? Was hast du davon gelernt? Wenn du jetzt an die Fehler denkst, ist da immer noch ein bitterer Nachgeschmack? Vielleicht ist eine Beziehung gescheitert. Vielleicht hast du Probleme mit deinen Kindern. Vielleicht hast du erst gestern über deinen Pastor gelästert. „Nein, es waren Fakten." Oder du hast vielleicht gerade gelogen. Egal, was es ist, Gott möchte nicht, dass es dich abhält, nach vorne zu gehen.

Römer 12,1-2:

Ich ermahne euch nun, ihr Brüder, angesichts der Barmherzigkeit Gottes, dass ihr eure Leiber darbringt als ein lebendiges, heiliges, Gott wohlgefälliges Opfer. Das sei euer vernünftiger Gottesdienst! Und passt euch nicht diesem Weltlauf an, sondern lasst euch in eurem Wesen verwandeln durch die Erneuerung eures Sinnes, damit ihr prüfen könnt, was der gute und wohlgefällige und vollkommene Wille Gottes ist.

Nur angesichts Gottes Barmherzigkeit können wir unser Leben als Opfer bringen. Er möchte uns. Ganz. Mit Fehlern. Irgendwie glauben wir das oft nicht. Aber Gott liebt uns. Es ist seine Entscheidung. Er liebt uns. Er, der durch Worte Licht schafft, der uns seinen

Atem eingehaucht hat, er hat sich entschieden uns zu lieben und zu heilen. Trotz allem, wo wir nicht genügen, wo wir Zerbruch erleiden oder sündigen. Er ist nicht überrascht oder enttäuscht. Er kennt uns und er will uns heilen.

Die Gefahr in unseren Stärken

Das erste Problem unserer Stärke

Erinnere dich an dein letztes Erfolgserlebnis. Vielleicht war es gar nichts Großes, einfach etwas, das dir aber etwas bedeutet hat. Meines war letzten Freitag. Ich habe zum ersten Mal in der Jugend einer Gemeinde gesprochen, in der ich neu bin, noch dazu in einer Fremdsprache und der Jugendleiter kam danach auf mich zu und meinte es sei perfekt gewesen. Es waren keine zwei Minuten. Ich weiß es, weil ich es zuvor daheim geprobt und dabei die Zeit gestoppt hatte. Also es war wirklich nichts Großes. Zwei Minuten bei einem Jugendtreff zu sprechen, bei dem etwa insgesamt 80 Menschen anwesend waren. Dennoch war es ein Erfolg für mich. Wenn ich jetzt darüber nachdenke, wie ich mich das nächste Mal auf so eine Gelegenheit vorbereiten werde, muss ich zugeben, dass die Gefahr besteht, dass ich denke, ich kann es. Das letzte Mal hat es gut funktioniert, warum sich jetzt sorgen. Es wird auch dieses Mal gut funktionieren. Und dann kommt es manchmal im Leben zu solchen Situationen, wo wir (geistlich) übermutig werden und uns von unserer Abhängigkeit von Gott lösen und es alleine tun. Oftmals nicht absichtlich, aber das Ergebnis ist dasselbe: wir handeln aus unserer Stärke heraus anstatt aus Gottes Stärke heraus und darin liegt dann unsere *Schwäche*. Denn unsere Stärke ist begrenzt, Gottes nicht. Wenn wir jedes Mal, bei allem, was wir tun, so beten würden, als würden wir es zum ersten Mal tun, ich glaube, wir würden staunen, in welchem Maße wir wachsen würden. Vielleicht lässt sich mein Beispiel nur schwierig auf dein Leben übertragen. Vielleicht meinst du auch, mein Beispiel sei völlig lächerlich, ja ist es. Also gehe mal davon aus, du möchtest zu Weihnachten ein besonderes Essen vorbereiten und kochst ein neues Gericht. Du bereitest dich sehr lange darauf vor, gehst die Zutaten genau durch und schreibst dir sorgfältig auf, was du genau brauchst. Du kaufst genau, was du brauchst, zur Not etwas mehr. Und du beginnst mit der Weihnachtsgans… Zehn Jahre später, du gehst mit deinen Kindern, vielleicht sogar schon Enkeln einkaufen, kaufst dies und das und weißt genau, dass du alles hast, was du für das Festessen benötigen. Es liegt in der Natur des Menschen, dass wir Sicherheit bekommen, in Dingen, in denen wir geübt sind. Klar. Das ist beim Autofahren genauso wie beim Backen, Kochen, Wände streichen,… bei allem. An sich ist auch nichts Schlechtes dabei. Gott möchte nicht, dass wir für immer unsicher sind. Vielmehr will er uns Sicherheit geben. Denn unsere Sicherheit ist, dass egal wie oft wir Auto gefahren sind, wir Gott vertrauen, dass uns nichts passiert, weil er mit uns. Egal, wie oft wir Wände gestrichen haben, vertrauen wir, dass auch diese Tapete danach besser aussieht als davor, und zwar sehr gut. Es gibt diesen Spruch: Bete, als ob alles von Gott abhängen würde, und arbeite, als ob alles von dir abhängen würde. Er fasst diesen Abschnitt treffend zusammen. Gott möchte, dass wir sicherer werden. Aber unser Erfolg ist und bleibt abhängig von ihm, nicht nur von unserer Übung, Erfahrung, unserem Wissen.

„Sorgt euch um nichts; sondern in allem lasst durch Gebet und Flehen mit Danksagung eure Anliegen vor Gott kundwerden." (Philipper 4,6) Wenn Paulus sagt: bittet um alles. Dann steht da nirgends eine Fußnote, die sagt, „außer um die Dinge, die du alleine kannst." Oder „bete für alles, außer um Dinge, die du bereits tausend mal gemacht hast." Das fällt uns manchmal aber schwer. Beziehungsweiße gewöhnen wir uns an unseren Erfolg oder daran, dass wir je öfter wir etwas tun, immer besser darin werden. Ich erinnere mich noch gut daran, dass ich große Angst vorm Autofahren hatte. Als ich dann endlich die Fahrstunden nahm, war ich sehr angespannt davor. Ich war höchstkonzentriert, und gleichzeitig sehr nervös. Ich betete davor schon den ganzen Tag und bat auch meine ganze Familie um geistlichen Beistand. Auch nach meiner Fahrprüfung blieb das lange der Fall. Egal wohin ich fuhr, betete ich. Ich hatte nie das Radio an, denn es könnte mich ja ablenken. Das klingt nicht nur verrückt, das war es auch tatsächlich. Wenn viele Leute im Auto saßen und sich unterhielten lenkte es mich ab, und ich betete noch mehr.

Je mehr Routine ich hatte, desto mehr ließ meine Konzentration nach, ich konnte nebenher Musikhören, singen, mich mit anderen unterhalten. Denn ich war sicherer geworden im Autofahren. Und das ist auch gut so. Gott möchte, dass wir sicher werden, in allem, was wir tun. Aber wir sollten nie vergessen, dass die Quelle unserer Sicherheit in ihm ist. Und wir ihn auch weiterhin um Erfolg, Bewahrung und Beistand bitten können.

Sorgt euch um nichts; sondern in allem lasst durch Gebet und Flehen mit Danksagung eure Anliegen vor Gott kundwerden.

Und der Friede Gottes, der allen Verstand übersteigt, wird eure Herzen und eure Gedanken bewahren in Christus Jesus! (Philipper 4,6-7)

Erste Gefahr ist, dass wir uns so sicher fühlen, dass wir meinen, unabhängig von Gott zu sein. Als Folge trennen wir die Abhängigkeit von Gott und erreichen deshalb in gewissen Bereichen nur das Menschenmögliche statt mit Göttlichem zu rechnen. Wenn wir mit Gott durchstarten, bekommen wir zusätzlich den Frieden, der den Verstand übersteigt – was gibt es Besseres?!

Das zweite Problem

Wenn wir uns über unsere Stärken definieren, unser Selbstbewusstsein auf unserem Erfolg aufbaut, machen uns Schwächen wirklich zu schaffen. In unserer leistungsorientierten Gesellschaft in Mittel- und Westeuropa ist es oftmals schwierig, herauszubrechen aus dem Erfolgsgetriebenem Denken, Handeln, Planen. Doch das ist keine Entschuldigung. Wenn wir eines Tages vor Gott stehen, werden wir ihm wohl kaum eine Soziologie-Stunde über Westeuropa halten und die aktuelle Gesellschaft, in der wir lebten. Sondern wir werden zugeben, dass wir uns über unsere Erfolge definiert haben, statt über das Kreuz. Etwa so, als habe uns jemand einen riesen Einkaufsgutschein gegeben. Wir nehmen ihn mit zum einkaufen, und gewisse Dinge bezahlen wir auch mit ihm, immer die Dinge, die wirklich zu groß sind, für unseren Geldbeutel. Aber die die Dinge, auf die wir stolz sind, die gehen auf unsere Rechnung, selbst wenn wir den Gutschein benutzen: das Auto, das neue Ledersofa, der Flachbildschirm. Leider geht es uns emotional häufig so. Die Dinge, die scheinbar „ich allein" schaffe, die bauen mich auf, mein Ego fühlt sich stark. Ich fliege für einige Sekunden, Minuten, selten auch Tage. Bis eine Situation kommt, in der ich nicht aus meiner Tasche bezahlen kann und ich einen Fehler begehe und wieder auf dem Boden der Tatsachen lande, nämlich, dass ich „nichts wert bin, da ich nicht perfekt bin". Solche und so ähnliche Lügen glauben wir. Auf ihnen bauen wir unser Leben auf. Gute Taten bauen uns auf, Erfolge pushen uns. Fehler, Versagen, Schwächen, bringen uns ins Wanken. Um wen geht es denn hier? Es geht doch immer noch um Gott in unserem Leben. Es geht immer noch um Jesus. Das Kreuz. Da war doch was. Ich bin frei. Ohne Verdammnis. Das bedeutet auch, ohne den Druck, alles Mögliche tun zu wollen, um ja keinen Fehler, keinen Grund für etwaige Verdammnis aufbringen zu können. Und plötzlich dreht sich die Welt um uns. Und sie zerfällt, da wir sie nicht erhalten können. Wir versagen und knicken ein. Ich erlebte einmal ein klares Reden von Gott, direkt nachdem ich etwas „Gutes" getan hatte. Ich beschreibe sie im nächsten Abschnitt.

Die gute Tat

Ich treffe einen Bekannten an der Straße und frage ihn nach seiner Frau. Er sagt, sie sei im Krankenhaus. Es sehe schlecht aus. Da ich ohnehin in die Stadt muss, frage ich ihn nach der Station und der Zimmernummer seiner Frau im Krankenhaus. Wenige Minuten später stehe ich in einem Krankenhauszimmer, in dem ich keine der Frauen zu kennen scheine. Alle anwesenden sehen sehr kränklich aus. Ich trete an jedes einzelne Bett und lese die Namensschilder.

Das letzte zeigt ihren Namen. Ich beginne mit der Frau zu sprechen. Sie kann nicht sprechen. Sie reagiert nicht, zeigt keinerlei Regung. Ich erzähle ihr, dass Gott sie liebt, erkläre ihr das Evangelium und dass Gott ihre tiefsten Gedanken kennt und sie in ihrem Herzen um Vergebung bitten kann. Mir laufen die Tränen nur so über das Gesicht. Ich streichle sie und frage sie, ob sie Gebet möchte. Da sie keinerlei Reaktion zeigt, kommt mir die Idee, dass wenn sie Gebet möchtet, sie die Augen schließen soll. Die Zeit scheint still zu stehen, die Frau schließt ihre Augen in gefühlter Zeitlupe. Ich beginne zu beten. Ich danke Gott für ihr Leben, und dass er mit ihr ist, sie liebt, kennt und versteht. Zum Abschied sage ich ihr, dass ich sie lieb habe. Ich fahre heim. Am nächsten Tag lässt mich der Gedanke am späten Abend nicht los, den Bekannten zu besuchen. Allerdings weiß ich, nicht was ich ihm sagen soll. Also mache ich mich am folgenden Tag auf und beschließe ihm einfach nur zu erzählen, dass ich sie besucht habe. Er schaut mich verdutzt an: „Am Dienstagabend haben Sie sie besucht?" Ich nicke. Er: „Am Mittwochmorgen ist sie verstorben."

Das Erlebnis fand tatsächlich so statt und war sehr besonders für mich. Ich bin direkt nach dieser Neuigkeit zu uns nach Hause gegangen, Tränen rannen mir übers Gesicht und ich war geschockt und dankbar zugleich. Eine Todesnachricht hatte ich nicht erwartet. Aber dankbar war ich, dass ich die Frau noch hatte besuchen können. Wow, was für ein Privileg. Ich saß in meinem Zimmer, starrte aus dem Fenster in die Dunkelheit, wusste nicht einmal genau, was ich denken sollte. Ich sagte immerzu nur „Danke, Vater, Danke". Und ich spürte Gottes Gegenwart und seinen tröstenden Frieden und dann etwas, das ich nicht erwartet hatte. Mir war, als würde Gott mir sagen „Nancy, auch wenn du das nicht getan hättest, würde ich dich genauso lieben. Genauso. Ich denke jetzt nicht besser von dir als letzte Woche. Du hast nichts „hinzugewonnen" in meinen Augen. Selbst wenn du es nicht getan hättest, wäre ich immer noch voller Liebe für dich." Das war wirklich ein verrückter Gedanke für mich. Ich weiß, dass Gott „zufrieden" oder „froh" darüber war, dass ich das gemacht hatte. Es war von ihm gestiftet und organisiert, da bin ich mir sicher. Es war eines dieser vorbereiteten Werke. Aber das so zu hören, dass das überhaupt nichts an unserer Beziehung ändert, dass das überhaupt keinen Einfluss darauf hat, wie Gott mich sieht. Das war sehr schockierend für mich. Versteh mich nicht falsch, Gott möchte Gehorsam von uns, er möchte Treue. Er belohnt es auch. Er vertraut uns auch mehr an, wenn wir treu sind, in dem was wir tun („Da sagte sein Herr zu ihm: Recht so, du guter und treuer Knecht! Du bist über wenigem treu gewesen, ich will dich über vieles setzen; geh ein zur Freude deines Herrn!" Matthäus 25,21 und 23). Wir sollten unsere Taten nicht für belanglos halten. Sie sind wichtig. Aber ich bin immer noch genauso geliebt wie zuvor. Seine Herzenseinstellung mir gegenüber hat sich nicht verändert. Ich habe ihn nicht „beeindruckt". Ich habe ihm nicht geschmeichelt. Er denkt sich wahrscheinlich einfach nur: „Ja, das macht meine Liebe in ihrem Herzen, sie geht ins Krankenhaus, besucht Kranke und betet für sie. Ja, das ist meine Liebe in ihr." Aber wenn ich an dem Nachmittag Eis essen gegangen wäre statt ins Krankenhaus? Wäre ich immer noch Gottes geliebte Tochter. Verrückt, oder? Also mich hat das umgehauen. Wenn ich das immer begreifen würde, hätte ich weniger Angst, einen Fehler zu machen. Und dadurch würde ich wahrscheinlich öfter aktiv werden und dadurch mehr bewirken, und proportional wahrscheinlich insgesamt weniger Fehler machen.

„Doch nicht darüber freut euch, dass euch die Geister untertan sind; freut euch aber lieber darüber, dass eure Namen im Himmel geschrieben sind." (Lukas 10,20). Sagt Jesus, nachdem seine Jünger herausgefunden haben, dass ihnen sogar die Dämonen Untertan sind. Herausfordernd, dass unsere Erlösung uns mehr freuen soll, als unsere „erfolgreichen guten Taten".

Das zweite Problem besteht darin, dass wir auf uns selbst vertrauen und meinen, wir könnten unseren eigenen Wert bauen. Der Preis, den Gott zahlte, war in Höhe von „Jesus" (es gibt keinen entsprechenden Zahlenwert). Wir vergessen das Kreuz und meinen, wir könnten den Wert *Jesus* durch unsere mehr oder weniger guten Taten toppen. Wenn uns dies nicht gelingt, fühlen wir uns wertlos und sind am Boden.

Wenn wir das Katzenbeispiel nochmal heranziehen und die Angst von der Höhe betrachten:

Wenn wir wirklich wissen, dass weder die Höhe unseres Erfolges oder der Fall unserer Niederlage unseren Selbstwert bestimmen, dann gibt es wirklich keinen Grund mehr Angst zu haben, auf Bäume zu klettern – auch auf hohe Bäume. Es gibt dann auch keinen Grund Angst zu haben, von dort hinunterzufallen, denn wir wissen, dass wir mit dem richtigen „Dreh", dem richtigen Fokus in unserem Leben, wieder auf Gottes Frieden landen. Sicher. In der Bibelschule hörten wir einmal eine starke Analogie: wenn ein kleines Kind zum ersten Mal von Stufen springt, ist es total begeistert und ruft den Eltern zu: „Schau, schau, sieh zu, wie ich springen kann." Es springt erst eine Stufe, dreht es sich wieder um, nimmt diesmal zwei. Es klappt, dann versucht es, von der dritten Stufe herunterzuspringen. Das Kind erwartet eine faszinierte und stolze Reaktion der Eltern. Und das tun wir auch als Eltern. Doch eigentlich kann nichts, was ein Kind in so jungem Alter erreicht, die Eltern erstaunen. Das Kind schafft nichts, was die Eltern nicht überbieten könnten. So ist es auch mit Gott. Gott, der Allmächtige, hat Planeten in Existenz *gesprochen*. Nichts, was wir tun, kann ihn erstaunen. Und dennoch, liebt er uns so und freut sich über unser jeden Erfolg. Genauso wenig kann unser Misserfolg seine unendliche Liebe erschüttern.

Zu stark?

Es gibt Momente, da scheint alles gut zu laufen, und leider merke ich dann oft, dass ich vieles aus eigener Kraft mache. Es ist mir nicht unbedingt bewusst, ich wende mich nicht bewusst von Gott ab. Aber mal ehrlich, wenn wir in einer Sache wirklich Hilfe brauchen, dann können wir oft Minuten, Stunden, Nächte im Gebet ausharren. Wenn aber alles in Ordnung ist, dann scheinen wir es nicht zu brauchen. Ich habe für mich entdeckt, dass mir Fasten ungemein hilft, mich auf Gott auszurichten. Es ist wie das Einstecken des Steckers bei der Geschichte vom Staubsauger in der Einleitung. Es ist ein bewusstes „Schwach" machen auf körperlicher Ebene. Ich bin dann sensibler, ruhiger, und bewusster bei dem was ich tue. Ich habe mehr Raum für Gott, weil ich meiner eigenen Schwachheit bewusster bin. Es ist ein altes, offenes Geheimnis. Es würde zu weit gehen, das hier ausführlich zu behandeln. Doch ich empfehle dir, dich damit auseinander zu setzen. Die tiefsten, innigsten Zeiten mit Gott habe ich meist während Fastenzeiten. So habe ich beschlossen nun regelmäßig zu fasten. Versuche es. Erwarte Gottes Wirken. Du wirst verändert werden.

Bis zum Ende

Nach der Speisung der Fünftausend (Matthäus 14,13-21) sendet Jesus seine Jünger mit dem Boot ans andere Ufer, während er die Volksmenge entlässt. Jesus verbringt eine gewisse Zeit alleine auf dem Berg. Die Jünger sind auf dem See im Boot, als ein Wind aufkommt bevor Jesus den Jüngern nachgeht. Jesus geht also auf dem Wasser und erreicht das Boot. Die Jünger denken es sei ein Geist. Petrus sagt: „Wenn du es bist Jesus, dann befiehl mir zu dir auf das Wasser zu kommen" (Matthäus 14,28). Jesus sagt Komm und Petrus steigt aus dem Boot auf das Wasser. In Vers 30 heißt es: „Als er [Petrus] aber den starken Wind sah, fürchtete er sich und da er zu sinken begann, schrie er und sprach: Herr rette mich."

Die Geschichte kennen wir. Die meisten Predigten, die ich dazu gehört habe, behandeln das Thema Fokus bewahren. Der richtige Fokus ist elementar. Ich möchte allerdings darauf eingehen, bis zum Ende zu glauben. Petrus hatte gerade die Speisung der Fünftausend miterlebt (das muss beeindrucken). Dann sieht er Jesus auf dem Wasser gehen (verrückt!). Dann steigt er selbst aus dem Boot (sie hatten eine windige Nacht und es war am Morgen, wahrscheinlich war er völlig übermüdet). Und dann sieht er den Wind. Es ist ein starker Wind. Er hatte allerdings gerade starke Wunder gesehen. Er hatte gerade erlebt, wie aus wenig Essen sehr viel wurde. Er hatte mit jemanden gesprochen, den seine Freunde für einen Geist hielten (Jesus), und er stand tatsächlich auf dem Wasser. Natürlich geht es um Fokus. Allerdings auch darum, bis zum Ende dran zu bleiben. Bis zum Ende zu glauben, bis zum Ende stark zu bleiben, bis zum Ende fest zu stehen, bis zum Ende. Nicht vergessen, was ich gerade schon alles erlebt habe, sondern weiter im Glauben zu wandeln, es geht weiter. Es war nicht das einzige Problem, dass Petrus den Sturm sah, sondern dass er Jesus *nicht* mehr sah, dass er Jesus vergaß, dass er vergaß, wem er gerade folgte, auf wessen Wort hin er auf das Wasser gegangen war. Petrus vergaß die Kraft Jesu, die er in den letzten vierundzwanzig Stunden erlebt hatte. Er hatte nicht vergessen, dass Jesus da war, denn er rief, „Jesus, rette mich". Aber eigentlich hätte sein Glaube und sein Vertrauen zu Jesus über Wasser halten können. Doch er hatte vergessen, was er bereits erlebt hatte. Wie bereits erwähnt, verrät Petrus Jesus später, kurz vor dem „Ende" Jesu Leben als Mensch auf der Erde. Obwohl Petrus doch alles gewusst und alles erlebt hatte, das so glaubensstärkend war. Dennoch kurz vor Ende, sah er den Wind, bekam er Angst, sah er den Preis: vielleicht muss ich mit meinem Leben bezahlen. Lasst uns nicht vergessen, was wir bereits mit Jesus erlebt haben. Er hat uns bereits vor dem Tod bewahrt, dem ewigen Tod, der größten Gefahr im Universum, er hat uns vor der ewigen Trennung von Gott bewahrt, er wird uns auch durch die aktuelle Situation bringen, auch wenn wir sie nicht unter Kontrolle haben und einfach aus dem Boot steigen. Dabei verlieren wir vielleicht den Glauben und vergessen sein Eingreifen in unserem Leben. Aber Jesus ist immer noch da. Er ist da. Bis zum Ende.

Oftmals vergessen wir, woraus uns Jesus gerettet hat. Wie bereits erwähnt, war ich in einem schweren Autounfallverwickelt gewesen. Einige Monate später stand ich in der Gemeinde im Lobpreis und pries Gott. Plötzlich überkam mich eine Welle der Dankbarkeit, dass niemand von den beteiligten Personen des Unfalls bleibende Schäden erlitten hatte. Mein Bruder, seine Frau und ich, wir waren alle wieder gesund und auch die Kinder und Erwachsenen des anderen Fahrzeugs. Mich überkam so eine Welle der Dankbarkeit, dass mir die Tränen nur so hinunterliefen. Niemand von uns war im Rollstuhl gelandet, niemand war längerfristig auf Medikamente oder Therapien angewiesen. Ich stand da im Lobpreis mit tränenüberlaufenem Gesicht. Und plötzlich sprach Gott zu mir: „Deine Rettung ist noch viel mehr. Wenn ich dich nicht gerettet hätte (geistlich), wärst du auch ein geistliches Wrack geworden, süchtig nach Anerkennung, angewiesen auf Bestätigung von anderen, unglücklich, suchend und ohne Lebenssinn. Du würdest deine Erfüllung in allem suchen, was nicht erfüllt. Deine Leben wäre eine Katastrophe." Ich war total geschockt. Dieses Ausmaß war mir zuvor nicht bewusst geworden. Aber so wie ich mich kenne, glaube ich wirklich, dass ich ohne Gott ziemlich aufgeschmissen wäre und verzweifelt. Gott liebt uns, er hat Jesus für dich gegeben. Er wird dich auch durch die jetzige Situation bringen.

Unsere Schwächen im Licht der anderen

W ir erinnern uns an David, der nach dem Ehebruch einen Besuch von Nathan bekam. Dieser erzählt ihm die Geschichte von einem reichen Hirten, der einem armen Hirten das einzige Schaf stiehlt. David ist schnell am Richten als er von der Geschichte der Hirten hört. Schwächen anderer scheinen so groß zu sein. Wir richten oft nicht nur uns, sondern auch andere. Doch Gottes Gnade ist viel größer als unsere. Ich staune oft über Gottes Großzügigkeit. Gott ist durch und durch großzügig. Im Lieben, Vergeben, Schenken, Neuanfänge geben, Vertrauen. Unglaublich. Wir sind oft so kleinlich. Warum? Vielleicht weil wir uns unserer eigenen Schwächen nicht bewusst sind? Wenn Menschen sich an uns vergehen, sind wir nachtragend? Seien wir ehrlich, wie oft haben wir Rachegedanken? Das Wort klingt viel ungewöhnlicher als es ist. „Dann werde ich dir das nächste Mal auch nicht helfen" ist unsere Art von Rache. Wenn nicht so, dann freuen wir uns, wenn unsere „Gegner" Schaden erleiden oder Misserfolg. Selbst wenn wir nichts sagen, so kennen wir doch das Gefühl der Schadenfreude, wenn der anderen Person etwas nicht gelingt. Dabei denken wir zum Beispiel „Geschieht dir recht…" Warum? Warum sind wir so kleinlich mit den Fehlern anderer? Wir sind alle Sünder (Römer 3,9–14). Wir alle brauchen einen Arzt. Wir vergessen, was uns vergeben worden ist. Wir vergessen, dass unsere Schuld so groß war, dass es jemanden anderen das Leben gekostet hat. Unsere Schuld. Meine Lügen, mein Schönreden, „meine Ausreden oder Entschuldigungen" oder wie ich sie sonst auch nennen mag, meine fleischlichen Lüste, meine egoistischen Motive, mein riesiges Ego, meine kleine Liebe, meine unbedachten Worte, meine vorgetäuschte Selbstlosigkeit, mein Streben nach menschlicher Anerkennung, oder meine Menschenfurcht. Das alles und noch viel mehr, wurde bezahlt. Mit demselben Leben wie die Sünden meines Bruders, meiner Schwester, die mich manchmal verletzen. Ich möchte keine Verletzung, die dir widerfährt oder widerfahren ist kleinreden. Mir geht es ums Richten. Ich habe für mich entschlossen, ich möchte nicht richten über andere. Leider fällt es mir manchmal sehr schwer. Manchmal scheint das Fehlverhalten der anderen Person *so* eindeutig, dass wir uns an den Kopf fassen und uns fragen, wie *so ein* Verhalten möglich ist.

Unsere eigenen Schwächen, Fehler und Fehlverhalten helfen uns, uns die Tat des Kreuzes vor Augen zu halten. Sie helfen uns, ein demütiges Herz zu bewahren. „Und vergiss nicht, was er dir Gutes getan hat! (Psalm 103) steht im direkten Zusammenhang mit: „Der dir all deine Sünden vergibt..."

Psalm103

1Von David. Lobe den Herrn, meine Seele, und alles, was in mir ist, seinen heiligen Namen!

2Lobe den Herrn, meine Seele, und vergiss nicht, was er dir Gutes getan hat! 3Der dir alle deine Sünden vergibt und heilt alle deine Gebrechen; 4der dein Leben vom Verderben erlöst, der dich krönt mit Gnade und Barmherzigkeit; 5der dein Alter mit Gutem sättigt, daß du wieder jung wirst wie ein Adler. 6Der Herr übt Gerechtigkeit und schafft Recht allen Unterdrückten. 7Er hat seine Wege Mose wissen lassen, die Kinder Israels seine Taten. 8Barmherzig und gnädig ist der Herr, geduldig und von großer Güte. 9Er wird nicht immerzu rechten und nicht ewig zornig bleiben. 10Er hat nicht mit uns gehandelt nach unseren Sünden und uns nicht vergolten nach unseren Missetaten. 11Denn so hoch der Himmel über der Erde ist, so groß ist seine Gnade über denen, die ihn fürchten; 12so fern der Osten ist vom Westen, hat er unsere Übertretungen von uns entfernt. 13Wie sich ein Vater über Kinder erbarmt, so erbarmt sich der Herr über die, welche ihn fürchten; 14denn er weiß, was für ein Gebilde wir sind; er denkt daran, dass wir Staub sind. 15Die Tage des Menschen sind wie Gras; er blüht wie eine Blume auf dem Feld; 16wenn ein Wind darüber geht, so ist sie nicht mehr da, und ihre Stätte kennt sie nicht mehr. 17Aber die Gnade des Herrn währt von Ewigkeit zu Ewigkeit über denen, die ihn fürchten, und seine Gerechtigkeit bis zu den Kindeskindern 18bei denen, die seinen Bund bewahren und an seine Gebote gedenken, um sie zu tun. 19Der Herr hat seinen Thron im Himmel gegründet, und seine Königsherrschaft regiert über alles. 20Lobt den Herrn, ihr seine Engel, ihr starken Helden, die ihr seinen Befehl ausführt, gehorsam der Stimme seines Wortes! 21Lobt den Herrn, alle seine Heerscharen, seine Diener, die ihr seinen Willen tut! 22Lobt den Herrn, alle seine Werke, an allen Orten seiner Herrschaft! Lobe den Herrn, meine Seele!

- Wir lieben, weil er uns zuerst geliebt hat. (1. Johannes 4,19)

- Wir geben freizügig, weil er sich selbst freizügig gegeben hat (Matthäus 10,8)

- Wir sind barmherzig, weil er zuerst barmherzig uns gegenüber war (Lukas 6,36).

- Wir vergeben, weil er zuerst uns vergibt (Epheser 4,32).

(und das alles tut Gott freiwillig und „kostenlos")

Wenn es zu Fehlern anderer kommt, halten wir uns plötzlich oft für so gut. Im Königreich Gottes gibt es keinen Wettkampf untereinander. Als die Jünger Jesu sich darüber unterhalten, wer der Größte im Königreich Gottes sein wird, kehrt Jesus die ganze Sache um. Er sagt, wer der Größte sein will, der soll der Kleinste sein. Wer der Erste sein soll, soll aller anderer Diener sein (Matthäus 20,23-28; Lukas 22,24). Ich glaube, Jesus sagt hier nicht nur, mein Reich funktioniert umgekehrt als die Welt. Sondern eigentlich funktioniert es komplett anders. Wenn wir versuchen, uns das vorzustellen. Im normalen Wettkampf, nehmen wir an, derjenige, der der Beste sein möchte, trainiert am härtesten. Zum Beispiel ein Weitstreckenläufer.

Er konzentriert sich ganz auf das Rennen, er läuft und läuft und läuft. Auch ein Geschäftsmann, der seine Karriere empor steigen möchte, konzentriert sich darauf, so viel wie möglich zu lernen, zu wissen, zu arbeiten, Ziele zu erreichen, wichtige Geschäftsbeziehungen zu bauen. Und er konzentriert sich ganz darauf, wie er den Fortschritt erreichen kann. Wie kann er noch besser, noch erfolgreicher wirtschaften. Wie kann der Sportler noch besser trainieren, mit seinen Ressourcen noch besser umgehen, noch schneller rennen. Dann kommt Jesus und sagt, versuch der Diener der anderen zu sein. Das bedeutet:

Denk an andere. Denk an andere. Denk an andere. Wie kann ich anderen helfen, wie kann ich sie ermutigen, aufbauen, wie kann ich ihren Nöten begegnen. Es ist mehr als nur umgekehrt. Es ist etwas völlig anderes! In unserer Welt heißt es, wenn du besser werden willst, konzentriere dich darauf, wie du besser werden kannst. Im Reich Gottes heißt es, wenn du „erfolgreich" werden möchtest, sieh zu, dass du die Situation anderer verbesserst (= dienen). Willst du göttlichen Segen? Sei ein Segen. Um das zu bekommen, was du möchtest, musst du es selbst geben. Das klingt sehr verrückt. Aber eigentlich auch einleuchtend. Wenn wir uns wieder die Kinder ansehen. Möchtest du von einem Kind geliebt werden, liebe es. Die natürliche Reaktion eines aufwachsenden Kindes auf Liebe ist Liebe. Du kannst daran nichts ändern. Es wird dich nicht dafür hassen, dass du ihm zu essen und zu trinken gibst, dass du es kleidest und emotional und körperlich pflegst. Geistlich gesehen funktioniert es ebenso. Jesus kam, um uns ein Leben in Fülle zu schenken (Johannes 10,10). Ich glaube Gott möchte nicht, dass wir wie ein Wasserglas dastehen, und er einfach in uns eingießt und es überläuft und überläuft und überläuft. Sondern ich stelle mir das eher vor, wie einen Gartenschlauch, wir sind so voll, wir sind angeschlossen, wir sind „an" und los geht's. Wir begießen die Dinge um uns herum. Zu Beginn kannst du das Wasser vorm Herauskommen hindern durch einen Knick im Wasserschlauch. Doch nicht, wenn der Druck zu hoch ist. Ich möchte überlaufen, egal wohin ich gehe. Ich möchte triefend sein vor Gottes Segen und seinen Segen hinterlassen egal wohin ich gehe. Möchten wir der Größte sein, geht es nicht darum, uns darauf zu konzentrieren, wie kann *ich* erfolgreicher sein, sondern wie kann ich den Menschen in meinem Umfeld helfen, erfolgreicher zu werden, egal auf welcher Ebene. Gott ist mit uns. Es geht immer noch um ihn. Wir sind sein Licht und Salz. Wenn das Salz aber kraftlos geworden ist, womit soll gesalzen werden? Und es wird hinausgeworfen (Matthäus 5,13-15). Den anderen zu lieben ist gar nicht so einfach. Es ist leicht, Freunde zu lieben, die gerade einfach super sind. Aber was ist mit denen, die uns gerade enttäuscht, verletzt, vielleicht verraten haben? Was ist mit deinem Kind, das gerade einen anderen Weg geht, als du es dir wünschst? Oder was ist mit den Nachbarn, die seit Jahren auf deinem Parkplatz parken? Liebe deine Feinde. Das ist etwas, das kann ich nicht aus mir heraus machen. Sondern ich kann es nur, weil Gott es auch tut – Gott gab seinen Sohn als wir noch seine Feinde waren (Römer 5). Lukas 6,35-36: „Vielmehr liebt eure Feinde und tut Gutes und leiht, ohne etwas dafür zu erhoffen; so wird euer Lohn groß sein, und ihr werdet Söhne des Höchsten sein, denn er ist gütig gegen die Undankbaren und Bösen. Darum seid barmherzig, wie auch euer Vater barmherzig ist." Wir sollten es auch sein. Doch da wo meine Liebe nicht ausreicht, da brauche ich auf jeden Fall Gottes Liebe. Es ist vielleicht nach außen hin nicht erkennbar. Gott ist wie ein guter Zimmermann. Wenn ich Löcher in der Wand der Liebe habe, dann füllt er sauber auf, sodass man es von außen oft gar nicht bemerkt. Aber ich weiß, wo meine Liebe ausging oder wo sie manchmal erschreckenderweise gar nicht vorhanden war. Und Gott weiß das auch. Ich möchte ein stärkeres Bewusstsein dafür haben, wo meine Liebe nicht ausreicht, wo ich Abkürzungen gehe, Kompromisse eingehe und einfach nicht die wahre Liebe weitergebe. Und sie dann von Gott auffüllen lassen. Damit ich wahre Liebe in mir habe.

Die Liebe ist langmütig und gütig, die Liebe beneidet nicht, die Liebe prahlt nicht, sie bläht sich nicht auf, sie ist nicht unanständig, sie sucht nicht das

Ihre, sie lässt sich nicht erbittern, sie rechnet das Böse nicht zu, sie freut sich nicht an der Ungerechtigkeit, sie freut sich aber an der Wahrheit, sie erträgt alles, sie glaubt alles, sie hofft alles, sie erduldet alles. Die Liebe hört niemals auf. (1. Korinther 13,4-8).

Wenn du gerade auch denkst, dass du wohl überhaupt keine Liebe hast, weil du weder langmütig noch gütig bist, oder Probleme mit Neid hast, oder mit Stolz, oder Selbstsucht, Bitterkeit oder damit, nachtragend zu sein, dann geht es dir genau wie mir und so vielen anderen Menschen. Wir können nicht aus eigener Kraft wirklich lieben. Wir brauchen Gott dazu.

1. Johannes 4,7-13:

7Geliebte, lasst uns einander lieben! Denn die Liebe ist aus Gott, und jeder, der liebt, ist aus Gott geboren und erkennt Gott. 8Wer nicht liebt, der hat Gott nicht erkannt; denn Gott ist Liebe. 9Darin ist die Liebe Gottes zu uns geoffenbart worden, dass Gott seinen eingeborenen Sohn in die Welt gesandt hat, damit wir durch ihn leben sollen. 10Darin besteht die Liebe – nicht dass wir Gott geliebt haben, sondern dass er uns geliebt hat und seinen Sohn gesandt hat als Sühnopfer für unsere Sünden. 11Geliebte, wenn Gott uns so geliebt hat, so sind auch wir es schuldig, einander zu lieben. 12Niemand hat Gott jemals gesehen; wenn wir einander lieben, so bleibt Gott in uns, und seine Liebe ist in uns vollkommen geworden. 13Daran erkennen wir, dass wir in ihm bleiben und er in uns, dass er uns von seinem Geist gegeben hat.

Man kann Gott nicht einfach „sehen", aber in unserer Liebe zueinander, da zeigen wir anderen Menschen Gott. Johannes 13, 34-35: „Ein neues Gebot gebe ich euch, dass ihr einander lieben sollt, damit, wie ich euch geliebt habe, auch ihr einander liebt. Daran wird jedermann erkennen, dass ihr meine Jünger seid, wenn ihr Liebe untereinander habt." Die Liebe ist unser Erkennungsmerkmal! Seine Liebe ist in uns vollkommen, also perfekt, überfließend.

Gott liebt es, wenn wir unseren Segen weitergeben. Und wenn du dich fragst, welchen Segen, dann halte einen Moment inne und nimm dir ein paar Minuten Zeit, **Danke** zu sagen, für alles, was dir gerade einfällt.

Wenn dir nichts einfällt, hier ein paar Hilfen:

Gottes Liebe, Freude, Erlösung, Vergebung, Hoffnung, Freude, Sieg in Jesus…

Gesundheit, Krankenversicherung, Strom, fließend Wasser, ein Bett, beheizbare Wohnung, Nachbarn, Freunde, Familie, Kleidung, Arbeitsplatz, Freiheit, Gemeinde, Ausbildung,…

Wenn wir uns bewusst machen, was wir alles *geschenkt* bekommen haben, können wir leichter großzügig anderen gegenübersein. In der Bibelschule hatten wir einen Mitschüler, er übernachtete jede Woche einmal bei uns. Er aß von unserem Essen, benutzte unser Wasser, unseren Strom. Wir waren knapp bei Kasse. Er übernachtete immer montags auf dienstags bei uns. Eines Morgens machte ich den Kühlschrank auf und merkte, er hatte meine letzte Banane gegessen, er hatte auch meinen vorletzten Müsliriegel genommen. Ich machte mir also nur ein Brot und ging zur Bibelschule. Es ärgerte mich. Er nahm sich, was er wollte. Er schien nicht einmal dankbar zu sein. Er schien es sogar als selbstverständlich zu sehen. Er sagte nichts, er nahm einfach, was er wollte. Nur weil wir ihm angeboten hatten, bei uns zu übernachten. Ich bekam von einem Ehepaar jeden Mittwoch Brot geschenkt. Also auch diesen Mittwoch. Überglücklich ging ich heim. Ich wollte mir ein Brot schmieren, öffnete also den Kühlschrank und mir fiel wieder ein, dass der Freund meine letzte Banane genommen hatte. Ich merkte, wie egoistisch und selbstzentriert ich war. Ich selbst lebte und war abhängig davon, dass andere mich segneten. Warum konnte ich nicht freigiebig sein? Ich bekomme jede Woche frisches Brot geschenkt und ich ärgere mich über eine Banane? „Ja, weil diese Art mir nicht passte. Er war nicht dankbar" Nein, vor allem, weil ich nicht liebte. Ich merkte, ich wollte lieben, wenn ich es entscheiden konnte. Wenn ich mich dabei gut fühlte. Mal ehrlich, anderen eine Freude zu machen macht Spaß. Wir sehen deren Gesicht aufleuchten, sie bedanken sich und wir haben einen Glücksmoment. Aber wenn dir jemand deine letzten Reste isst, ohne zu fragen, ohne sich zu bedanken, dann ist das irgendwie anders. Man fühlt sich nicht gut dabei. Man hatte es nicht wollen, er hat es sich genommen… und so weiter. Doch ich merkte tatsächlich, mir ging es nicht so sehr darum, dass unser Freund ein Essen hatte, als darum, dass ich einen Glücksmoment haben wollte: Ich wollte wissen, dass ich was Gutes tat, dann fühlte ich mich also gut. Es war also nicht nur so, dass ich „geizig" war und nicht teilen wollte, obwohl ich selbst so viel geschenkt bekam. Es war auch so, dass wenn ich teilen sollte, wollte ich das Glücksgefühl haben. Also mir ging es um mein Ego, mein christliches Super-Image, nicht darum, dass er was zu essen hat. Ich betete viel darum. Es wurde von Woche zu Woche besser. Es dauerte einige Wochen, bis es gut wurde, denn ich hatte wirklich weit unten angefangen. Ich merkte, wie wenig Liebe ich tatsächlich besaß. Hatte ich wirklich vergessen, wie viel mir gegeben wurde? Von Gott und auch von anderen? Wie wenig hatte ich von Gottes Liebe verstanden.

Frag dich doch selbst einmal, wo konzentrierst du dich auf deine „Karriere", deinen Fortschritt, wie ein guter Läufer oder Businessmensch. Aber du vergisst, wer du als Diener wirklich bist, nämlich jemand, der sich um andere dreht. Gott wird uns erhöhen zu seiner Zeit. Falle hier auch nicht in ein Extrem, sodass du dich nicht mehr um dein Leben kümmerst – wie bereits gesagt, es ist dein Leben, weil *Du* es lebst. Also übernimm Verantwortung. Aber vertraue Gott. Er ist unser Manager, ihm gehört Himmel und Erde. Wir sollten uns keine Sorgen machen, dass wir zu kurz kommen. Gott verwöhnt uns mit seiner Gnade. Wir kommen nicht zu kurz. Gott ist großzügig. Auch mit unseren Fehlern. Lasst es uns auch sein im Miteinander. Und lass uns lernen, zu lieben. Rein, heilig, selbstlos, im Verborgenen, und ohne Glamour. Nicht die schönen, einfachen Dinge, sondern auch die unangenehmen, vielleicht im Verborgenen. Das sind die Momente, in denen Liebe etwas kostet. Wenn wir lieben möchten wie Gott, dann hat Liebe einen Preis. Gott war bereit, Jesus zu bezahlen. Und das noch als wir seine Feinde waren (Römer 5,8): „Gott aber beweist seine Liebe zu uns dadurch, dass Christus für uns gestorben ist, als wir noch Sünder waren.“). Unsere Schwächen halten Gott nicht davon ab, uns zu lieben. Wir sollten uns auch nicht von Schwächen anderer abhalten, diese zu lieben. Lass uns großzügig lieben.

Die andere Seite ist, wir sollen nicht erwarten, dass andere unsere Schwächen ausfüllen müssen. Denn wie bereits beim Schlüsselprinzip erwähnt, geht es Gott darum, dass wir unsere Schwächen gegen *Seine* Stärke austauschen und nicht in erster Linie mit der Stärke der anderen – auch wenn Gott diese oft gebraucht. Wenn wir allerdings wissen, dass unsere Schwächen uns näher zu Gott bringen sollen, verändert das auch unseren Umgang mit Schwächen von anderen. Wir hatten eine super Lektion dazu in der Bibelschule. Unser Sprecher für diese Unterrichtseinheit Rich Martin sprach darüber, dass wir weise entscheiden sollen, wie und wann wir anderen helfen sollen. Denn wir sollten nie versuchen, deren erste Anlaufstelle zu sein. Wir sollten nie versuchen ihr Gott zu sein. Wir sind manchmal versucht, jemandem sofort helfen zu wollen, denn er braucht sofort Hilfe, so scheint es uns. Dabei rauben wir ihm manchmal die Chance eine göttliche Antwort direkt von Gott zu bekommen. Wir sollen helfen, absolut. Wir sollen jedoch nicht in das Extreme kommen, zu versuchen jedem jede Last sofort zu nehmen, noch bevor er überhaupt mit der Last zu Gott geht. Wir sollen unsere Sorgen und Nöte auf Gott werfen (1. Petrus 5,7) und wir sollen die Last des anderen tragen. Diese beiden Dinge müssen in einer gesunden Balance ablaufen, sodass wir nie unsere Beziehung zu einer notleidenden Person höher erachten als deren Beziehung zu Gott. Wir sind nicht Gott. Wir sind sein Werkzeug. Deshalb sollen wir in jeder Situation Gott um Weisheit bitten, angemessen zu reagieren, um dem Heiligen Geist Raum zu lassen, deren Schwäche aufzufüllen. Denn wenn wir es alleine versuchen, werden wir scheitern. Der Heilige Geist mit uns, kann dem anderen helfen, Mauern zu überwinden. Wir werden nie eine bessere Lösung für die Person liefern können, als der Heilige Geist selbst, deshalb lasst uns nie ohne den Heiligen Geist versuchen zu handeln. Ich meine hiermit nicht, dass wir immer auf ein göttliches Zeichen warten müssen, oder ein „Gefühl" erwarten sollen, als Grund jemand zu helfen. Es soll keine Ausrede sein für Passivität. Allerdings sollen wir nicht blind loslaufen und versuchen unsere selbstgemachten Lösungen zu liefern, ohne den Heiligen Geist um Rat zu fragen, wie er der Person am besten dienen möchte. Denn nicht zu vergessen ist, dass der Heilige Geist die Ziele für die Person setzt und kennt. Nicht wir.

„Wenn wir anderen helfen, verbringen wir unsere meiste Aufmerksamkeit und Energie damit, uns auf das vorliegende Problem zu fokussieren und was wir damit tun sollen. Aber das darf uns nicht von unserem grundlegenden Ziel ablenken, dass jede problematische Situation ein Wachstumspunkt für die Menschen werden soll, denen wir versuchen zu helfen." (eigene Übersetzung, Peter Hicks, What Could I Say? IVP 2000[17])

---

[17]„In helping others, our attention and energy will be largely focused on the immediate problem and what to do about it. But that must not divert us from our basic aim that each problem situation should become a growth point for the people we are trying to help." http://www.urcsouthwest.org.uk/wp-content/uploads/2009/02/aims-of-pastoral-care.pdf

Tankstelle

Es ist nicht nur wichtig, dass wir zu Gott gehen, um aufzutanken, oder uns Hilfe zu suchen. Uns ist klar, dass wir eine Beziehung mit ihm leben und deshalb auch die Höhen mit ihm teilen. Aber was ist, wenn ich mich gerade in einem Loch befinde, einer Situation, in der ich wirklich Hilfe von Gott brauche? Es ist nicht nur wichtig, zur Tankstelle zu fahren, sondern auch die richtige Zapfsäule auszuwählen. Es ist wichtig, dass wir nicht nur zu Gott gehen, sondern auch den inneren geistlichen Ort in uns schaffen, in dem wir Gott um Beistand bitten und sein Eingreifen erwarten. Jedoch ohne fehlerzentriert zu sein. Man fährt schließlich auch nicht an eine Zapfsäule und zeigt dem Zapfhahn dann den leeren Tank sondern man füllt den leeren Tank. Eine Bekannte hatte einmal ein Bild im Lobpreis für mich. Sie erzählte mir, ich sei wie ein Auto auf einer staubigen Straße in der Wüste unterwegs und ich sollte zusehen, dass ich nicht immer erst warte, bis der Tank ganz leer ist, bis ich daran denke, eine Tankstelle aufzusuchen. Obwohl es mittlerweile schon Jahre her ist, denke ich oft an dieses Bild. Ich kann nicht zulassen, dass ich fahre und fahre, solange es eben geht bis der Tank leer ist. Ich muss vorher schon rechtzeitig darauf achten, dass ich stetige Orte der Erquickung finde und dort verweile. Und genau das fällt mir ehrlichgesagt schwer. Als Christ ist uns bewusst, dass wir nicht mehr uns gehören, sondern Gott. Ich möchte, dass Gott bei allem, was ich tue, dabei ist. Er soll das Werk meiner Hände segnen und mich vor allem führen und leiten, sich selbst in meinem Leben verherrlichen. Mir ist bewusst, dass ich alles, was ich tue, mit ihm tun soll. Ich habe die besten Absichten. Doch nehme ich mir kaum Zeit, wirklich in ihm zu verweilen. Bete ich wirklich dafür, dass ich eine gute Arbeitnehmerin bin, eine gute Freundin, eine gute Tochter, Ehefrau, Mutter, Nachbarin,... bete ich dafür? Und noch herausfordernder für mich persönlich, genieße ich, die Dinge, die er uns verheißen hat? Den Frieden, der den Verstand übersteigt (Philliper 4,7) Freude,... Freue ich mich wirklich am Herrn (Nehmia 8,10). Erachte ich meine Erlösung wirklich als die größte Freude in meinem Leben (Lukas 10,20)? Zugegeben, es kommt häufig zu Situationen in meinem Leben, in denen ich immer noch wie damals, mit einem Auto in der Wüste herumfahre. Erst wenn die Tank-Anzeige auf Null zugeht, dann erst beginne ich mir Sorgen zu machen, wo ich eine Tankstelle finde. Gott möchte nicht, dass wir solche Auf und Abs haben. Er möchte nicht, dass wir von Sonntag bis Freitag geistlich nichts zu uns nehmen, nicht auftanken in seiner Gegenwart. Viele leben aber so. Montag bis Freitag ist eine geistliche dürre Zeit. Ab Freitag freuen sie sich schon auf den Sonntag. Aber der Freitag und der Samstag scheinen noch so lang zu sein. Gott möchte, dass wir jeden Tag nachfüllen. Dann können wir auch jeden Tag freigiebig geben. Gott verändert sich nicht, er hat sich nie geändert. Er ist derselbe damals, als er mit David aufs Schlachtfeld ging, wie auch heute, wenn er mit dir im Auto sitzt, oder am Küchentisch, oder im Zug zur Arbeit. Genau jetzt, ist er genauso, wie damals, als er das rote Meer teilte für sein Volk, als er sie durch die Wüste führte, als er jeden Tag frisches Manna (Brot) vom Himmel kommen ließ. Er ist immer noch genau derselbe. Nur wir bewegen uns so oft hin und her. Wir wechseln die Perspektive, wechseln zwischen logischem Blick und „christlicher Sicht". Gott hat die Logik erschaffen, er sieht uns als eine Person, nicht schizophren. Er wartet auf uns. Lasst uns tanken, jeden Tag.

Abschluss

Unsere Schwächen sollen uns unserer Abhängigkeit von Gott bewusst machen. Unsere schwächsten, schwierigsten Momente können gleichzeitig die stärksten sein, denn uns bleibt nichts anderes übrig als zu glauben. Das bereitet den Weg für ein Wunder. Wir Christen möchten beides, einerseits alles unter Kontrolle haben und andererseits Zeichen und Wunder sehen. Doch leider erwarten und strecken wir uns erst dann nach Wundern aus, wenn wir keine Kontrolle haben und Wunder deshalb brauchen. Ich wünsche mir, dass

wir immer zur Tankstelle fahren und frisch bleiben im Erwarten eines Wunders – unabhängig davon, ob die Situation lösbar oder un-
lösbar für uns scheint. Es wird Situationen geben, die sind zu groß
für mich und für dich, aber nicht für uns als Team: Du und Gott, ich
und Gott und in weiser Art Du und ich und Gott. Lasst uns mündige
Christen sein, die keine Angst vor Schwächen und Fehler haben,
ohne sie zu glorifizieren, sie zum Sieg umwandeln, indem wir zu
Gott gehen. Denn er *ist* stark in unserer Schwachheit.

Amen.

Die Story zum Buch

Es ist Mittwoch, ich bin den ganzen Tag zuhause, erkältet krank. Ich bin gerade fertig geworden ein Buch zu lesen. Ich lege es weg und beginne zu schreiben, ohne zu überlegen. Ein Buch, über ein Thema, das mich schon lange beschäftigt. Einfach so. Und dann nach der Gliederung, nach dem Vorwort im ersten Kapitel irgendwo halte ich kurz inne und frage mich, was mache ich da? Ich werde doch kein geistliches Lehrbuch schreiben. Ich find mich plötzlich peinlich und albern. Ich bete und sage Gott, wenn ich ein Buch schreiben soll, dann will ich es wissen, ich will nicht einfach etwas anfangen, was keine Frucht bringt. Es soll einen Sinn und ein Ziel haben. Ich will eine Bestätigung, wenn das von dir ist. Irgendwie finde ich das ganze lustig. Naja, es hat Spaß gemacht und ich habe auch einige spannende Sachen daraus gezogen, allein schon von den ersten paar Zeilen. Ich schreibe über 2. Mose 2,1-26, Mose tötet einen Ägypter. Man lernt ja meist selbst am meisten, wenn man sich in Themen hinein vertieft. Aber ich glaube, das meiste, was ich schreibe, wissen die meisten Christen schon, nur ich vielleicht noch nicht. Ich bete also um Bestätigung und schreibe meinen Absatz zu Ende und noch ein bisschen weiter. Macht eben auch Spaß. Am nächsten Morgen in der Bibelschule haben wir kurzen Gottesdienst, ich nehme meinen Notizblock und der Sprecher beginnt. Er spricht über 2. Mose 2,1-26. ich bin geschockt. Nach dem Unterricht habe ich noch einiges anderes zu erledigen, sodass ich die Buchidee vergesse. Am frühen Abend checke ich meine Emails, ich habe eine Email bekommen von einer meiner früheren Pastoren, die ich schon seit zehn Jahren nicht gesehen habe. Sie antwortet auf meinen Rundbrief: „Liebe Nancy, du scheinst sehr gerne zu schreiben - und es macht Spaß deine Erlebnisse mit Gott zu lesen. Vielleicht entsteht daraus ja dein erstes Buch. Ich finde, dass der deutsche christliche Buchmarkt noch ein paar Bücher brauchen kann von Leuten, die Gott im Alltag erleben. Finde ich klasse. ..."

Ich sage zu Gott: „Ok, dann schreibe ich einfach nur Zeugnisse – ziemlich leicht. Mache ich ja jetzt auch schon in meinen Rundbriefen zum Beispiel. Dafür brauche ich keinen roten Fäden, keine Struktur. Keine Recherche, keine Bibelarbeit und kein Gebet." Gottes Antwort kommt schnell: „Dafür bräuchtest du mich ja aber gar nicht" Ich hab immer noch nicht wirklich Glauben, dass es Sinn macht, ein Buch zu schreiben. Egal was daraus wird, ich habe das Gefühl, dass Gott sagt: „Dann schreib's doch für dich und mich." Ok, ich gebe mich geschlagen. Und jetzt mach ich es. Ich sehe es als Gehorsamsschritt. Das Thema erlebe ich selbst beim Schreiben. Denn Recherche liegt mir nicht besonders und Geduld, die ich beim Schreiben benötige, gehört nicht zu meinen Stärken. Ich erlebe beim Schreiben die Prinzipien, die ich schreibe und ich prüfe sie. Ja, Gott, es geht darum, dich zu verherrlichen, es geht nur um dich.

Am Abend fällt mir noch ein, dass ich am Sonntag zuvor im Gottesdienst Gott etwas gebeten habe. Der Refrain des Liedes geht so: „Let the Ruins come to live, in the Beauty of Your name…out of the Ashes…God for ever you reign"[18] Ich habe zu Gott gesagt: „let my ruins come to life, Dinge, die ich vielleicht begraben habe in meinem Leben, meine Gaben, Talente, bitte, erwecke sie wieder." Ich beschließe also weiter zu schreiben, erzähle aber niemandem davon. Während der Schreibzeit habe ich immer wieder Zweifel. Ich erinnere mich besonders an einen Dienstag. Ich weiß, ich sollte den Abend über Schreiben. Allerdings fehlt mir der Glauben. Ich überlege kurzerhand, ob ich Gott noch einmal um ein Zeichen bitten sollte, dass er es wirklich ernst meint mit dem Buch. Dann aber finde ich es lächerlich, wo er mir doch schon zwei Zeichen direkt zu Beginn gegeben hatte, die Email und die Bibelstelle von 2. Mose. Ich zögere. So als ob Gott meine Gedanken nicht ohnehin von Ferne erkennt. Ich schaue auf mein Handy. Eine Freundin, die nichts davon weiß, dass ich an einem Buch schreibe, schreibt mir nur: Nancy, du solltest ein Buch schreiben. Ohne Kontext, für mich völlig ohne Grund. „Gott, war das wieder ein Zeichen?" Die ganze Schreibzeit

---

[18] Glorious ruins, Hillsong 2013

über bombardierte Gott mich mit seinen Ermutigungen und mit Freude am Schreiben. Bis heute, wo das Buch fertig vor mir liegt. Gott ich habe es fertig gebracht, für dich und für mich, ich habe viel dabei gelernt. Lass auch andere davon lernen!

Literatur

Bibeltext der Schlachter
Copyright © 2000 Genfer Bibelgesellschaft
Wiedergegeben mit freundlicher Genehmigung. Alle Rechte vorbehalten.

Weitere Literatur

Bandura, A., & Walters, R. H. (1963). Social learning and personality development. Holt Rinehart and Winston: New York.

Bauer/Bezzel/Fiedler: Das Kompendium der Vögel Mitteleuropas- Nonpasseriformes, Wiebelsheim.

Chan, F. (2013). *Mein Leben als Volltreffer*. Luqs-Verlag

Cool Runnings – Dabei sein ist alles. Turteltaub, J. (Regie) & Bydalek, J., Landau, S. B., & Meledandri, C. (Produktion) , USA, 1993.

Glutz von Blotzheim, Urs (Hg.): Handbuch der Vögel Mitteleuropas, Band 4 Falconiformes, Wiesbaden.

Hicks, P., What Could I Say? IVP 2000 abrufbar unter: http://www.urcsouthwest.org.uk/wp-content/uploads/2009/02/aims-of-pastoral-care.pdf [November 2015].

Hillsong (2013). Glorious ruins. UMG Records.

Ten Boom, C., abrufbar unter: http://liebevoll-wei.se/Corrie_ten_Boom_-_Zitate.pdf, [November 2015].

The Lion King. Allers, R. & Minkoff, R. (Regie), Hahn, D. (Produzent), USA, 1994.

Williamson, M., abrufbar unter: http://marianne.com/ [November 2015].

Nancy Irene Klapsia

 wurde am 19. März 1991 in Müllheim geboren und wuchs im Raum Stuttgart als jüngstes von drei Geschwistern auf. Schon bevor sie richtig schreiben konnte, begann sie ihre ersten Bücher, Gedichte und Lieder zu „schreiben". Während ihrer Zeit an der Bibelschule fand sie in ihren Schwächen einen Schlüssel, im Glauben wachen zu können.

Zeitfracht Medien GmbH
Ferdinand-Jühlke-Straße 7
99095 Erfurt, Deutschland
produktsicherheit@kolibri360.de